小林 毅

転職大全

キャリアと年収を確実に上げる戦略バイブル

朝日新聞出版

はじめに

この本を手に取られたあなたは、会社を辞めたいと考えている人でしょう。
「自分の価値を知りたい」「転職して環境を変えたい」「人生は一度きりなので好きなことをしたい！」などと考え、転職する機会をうかがっていると思います。
しかし、実際はどうでしょう。「転職」という行動を取れず、ずっとモヤモヤしている人がとても多いのではないでしょうか？

ではなぜ、会社を辞めたいと考えた人が、行動に移せないのでしょうか？
それは簡単です。

「転職が怖いから」です。

私は5年前から転職セミナーを続けていますが、参加者の約5割が転職未経験、4割が転職したが失敗した、という回答結果となっています（1割は情報収集目的）。またグーグルの検索でも、「転職　怖い」が2020万件、「転職　失敗」が1660万件ヒットします。

転職は誰でも一度は考えることですが、転職経験がないとやはり怖いものです。同時に、転職した知り合いが、失敗している様を目の当たりにすると、やはり二の足を踏んでしまいます。日本では転職する人より、生涯1社で勤め上げる人が今もなお評価される文化があって、そのことも怖さを助長しているのでしょう。


転職に対する知識や経験がない状態は、真っ暗なトンネルを一人で進むことと同じです。あなたはこんなトンネルは進みたくはないですよね？

もしトンネルの向こうに素晴らしい世界が約束されているなら、怖いと思っても進むかもしれません。

でも、素晴らしい世界があるかどうかわからない状態で進まなければいけないとしたらどうでしょう？

「転職」という行動が取れない人が先に進めない理由はそこにあると思います。

「リスクを取らなければプロフィットは得られない」と思い、突き進める人はほんのわずかです。でもそのような行動が起こせる人でも、トンネルを照らす明かりがあるかないかで結果は大きく変わってきます。準備ができれば、リスクも低減できるのです。

では転職を暗闇のトンネルにたとえた場合、あなたの足元を照らす明かりとは一体何でしょうか？

それは転職に関しての情報や知識、考え方、そしてマインドセットなどです。

この本は、**あなたが持つその不安に寄り添い、自分がどのように振る舞い行動すれば、怖い転職活動を乗り切ることができるのかがわかる本として構成されています。**

今さら誰にも聞くことができない初歩的なことから、転職マーケットで求められている人材、キャリアアップについて深く理解することができるのです。

そして、怖い転職を身近なものとして理解し、自分のキャリアを未来ある有望なものとすることができます。

転職活動をリアルに理解してもらうため、ここに一人の相談者を登場させたいと思います。

久間真司《きゅうま》さん（仮名）
30歳男性。大手製造業で営業職。最近会社の業績不振で転職を考えている。

この方は、転職は初めてですが、友人や上司先輩が次々に転職をしており、焦りを感じる一方、転職は怖い、と大きな不安を抱えています。この彼との面談を通じて、読者の皆様にも転職をリアルに感じていただきます。

そして、その久間さんの悩みに寄り添うベテランコンサルタントの永楽さんです。

永楽《えいらく》圭佑さん（仮名）
50歳男性。転職経験４回、大手企業、ベンチャー企業、外資系ヘッドハント会社を経て独立起業。「成功する転職」の啓蒙活動に力を入れている。

転職を考えたとき、まず何から始めるべきか、具体的に利用すべきサービスや、職務経歴書の書き方、面接での対策、ストーリー性のあるキャリア構築方法はもちろん転職に対するマインドセットなどにも深く言及し、**戦略・戦術を重視した「わかりやすい転職のマニュア**

ル本」として仕上げました。

平易な対話形式で構成しましたので、スラスラ読み進めることができます。何度も読み返して転職に対する真の知識を身につけてください。

著者

『転職大全』目次

2 転職マーケットの生態系 079

6 面接という戦場で勝つための戦術 257

エピローグ　転職後に陥るジレンマ

ブックデザイン　杉山健太郎

プロローグ　転職が怖い理由

久間　最近、仕事がつまらなくて、会社を辞めようと思っているのですが、相談に乗っていただけますか？

永楽　今、転職を考えているのですね。何かきっかけがあったのですか？

久間　最近、会社の業績が良くなくて。ボーナスも期待通り出ないみたいです。職場もピリピリしていて、上司も事業計画の未達が続き、とても不機嫌です。私が一生懸命仕事をして結果を出しても、**全体評価なので周りと同じ評価しかされません。**

こんな環境ですから、人も辞めていくのですが、補充もされず、自分のところに仕事が回ってきて、業務量が増えても待遇が上がらないのです。すごく閉塞感を感じていて、だったらいっそ会社を辞めて、新しい環境でリフレッシュしたほうがいいかな、と考えているのです。

永楽　自分は結果を出しても、連帯責任で評価されず、とてもつらい立場ですね。日本企業は仕事ができる人に仕事が回ってくる傾向がありますが、待遇は変わらない、**機会不平等、結果平等**ということが多いですよね。であれば、転職してしっかりと評価されたいと考えている。では具体的に行動は起こしているのですか？

久間　一応、職務経歴書みたいなものは書いてきたのですが。見ていただけますか？

永楽　なるほど、非常にシンプルに書かれていますね。ただこの職務経歴書を見る限り、恐らくこれまで転職について、深く考えたことがなかったのではないでしょうか。こちらの職務経歴書では、残念ながらあなたの良いところがわからないですね。

久間　そうですか⁉　これは職務経歴書の書き方マニュアルを参考に仕上げたのですが、それでもダメということですか？

永楽　それはあくまでもサンプルに過ぎません。職務経歴書の書式は基本的に自由で、こう

職務経歴書

2019年2月26日現在
氏名：久間　真司

■職務要約

半導体製造装置の国内担当として直接営業および新規ビジネスの立ち上げに参加いたしました。また、部品の仕入れから、生産管理、納期整理、出荷計画の作成など、商品製造から販売まで一貫して経験してまいりました。

■職務経歴

□2011年4月～現在　〇〇電機株式会社

◆事業内容：家電製品や部品製造、放送・無線通信設備製造、その他電子部品製造など

【国内営業業務】販売促進系部門所属：国内担当

職務内容

・上司と同行営業（営業および営業支援活動にOJT）
・販売代理店に対する営業支援活動
・新規商品の売り込み及び新機能説明会の開催
・見積書の作成、納期管理、出荷管理
・半導体製造装置の中古売買の仲介業務
・国内メーカーと中国メーカーへの半導体製造装置の中古売買を仲介する。
・市場調査、需要情報の収集
・生産計画作成
・発注業務
・各種法令対策、リスク管理

転職理由：

企業業績が下がり、希望が持てなくなったこと。給与が上がらないこと。

■自己PR

私は、しっかりと準備し、計画を立てて実行することが得意です。半導体製造装置の国内営業に従事する中で、多くの取引先、同僚、上司と円滑なコミュニケーションを取り、実績を上げて参りました。

■資格及びスキル

・MS（Word, Excel, PowerPoint）
・普通自動車第一種免許
・TOEIC 450
・小型船舶操縦士2級
・神社検定参級

あるべきというものも存在しないのです。大切なことは、あなた自身がこの転職で一体何を手に入れたいと考えているのか、ということのみです。

久間　何を手に入れたい？　そうですね、現在の環境から一日でも早く離脱して、今よりも良い職場環境を手に入れたいと思っています。

永楽　そうすると、転職できればどの会社でもいい、ということでしょうか？

久間　いえ、そんなことはありません。今よりも良い職場でないと、転職する意味がありません。そのために相談に来ているのです！

永楽　そうすると、私が良いと思い提案した案件であれば、すべて応募してくれる、ということですか？　そこで内定が出れば、転職を必ずしてくれる、ということですか？

久間　うーん、何かとても嫌な感じですね。内定が出たからと言って、転職を必ずすると約束できるわけがないですよ！　私が入社したいと思う会社でないと、転職をしたいとは思いません。そんなの、当たり前じゃないですか！

永楽　ははは。少し試すような聞き方をして申し訳ありませんでした。ご自身の希望がしっかりとあるのですから、当然の反論だと思います。

なぜこのように質問したかというと、転職をするには、**しっかりと条件を持つことが大切**だからです。そしてその条件に満たない会社は応募する必要も意味もないのです。そのため、自分自身がやりたい、働きたい仕事や会社を整理しておかないと、結局何が良かったのかという判断軸がぶれてしまいます。

久間　そういうことでしたか。ただ、恥ずかしい話ですが、自分が望む仕事が何か、また、どうやって仕事の情報を得ればいいのか正直わからなくて……。ネット上にある求人広告に応募するとか、紹介会社に登録するとか、ハローワークに行くとか、それなりに調べるといろいろな方法があるようですが、一体どれが自分にとって正しいのかがわからないのです。

永楽　たしかに最近はいろいろな手段で仕事を見つけることができますが、それぞれ特徴もありますからね。採用する企業も、欲しい人材は決まっていますし、**紹介会社に登録しても、**

当然商売ですから、いろいろな思惑が混在しています。それを理解して付き合わないといけないですよ。

久間　そうですよね。実は友人が先日転職をしたのですが、転職前に聞いた話と違う仕事に配属され、大失敗した！　と言っていたのです。そんな話を聞くと、転職は怖いなあ、と思います。

永楽　そのような話を聞くと余計に先に進めない、ということですね。

会社を辞めてからの転職には、キャリアダウンが待っている

久間　どのような手段で転職をするのが、自分にとってベストなのか、その点がはっきりわからないので先に進めません。その影響で、今は無駄に時間が経過して焦る一方で……。こんな中途半端な気持ちでいるなら、いっそ、背水の陣じゃないですけど、退路を断ち切って、会社を辞めて、本気で転職活動をしようかと考えています。

永楽　焦る気持ちはわかります。でも、それが一番転職活動で間違った考えです。もし**会社を辞めてから転職活動をしてしまうと、間違いなくキャリアダウンしてしまいます。**

久間　えー、そうですか！　会社を辞めるつもりなのに、今の会社で嘘をつきながら働くことのほうが、不誠実だし、そんな状態で転職活動している人を、求人企業は評価しないのではないですか？

転職は**短期決戦!**

- マイナビ転職…………**1〜3 ヵ月**(約半数)
- リクナビNEXT………**3 ヵ月〜半年**程度
- パソナキャリア………**3 ヵ月〜半年**程度
- DODA…………………**2〜3 ヵ月**
- @タイプ………………**3 ヵ月〜半年**
- enミドル………………**3 ヵ月以内**

※転職が決まった人のデータ

永楽　それはまったくの逆と考えてください。もし辞めてから転職活動をすると、求職者は早く仕事を探したいという思いから、内定を取ることが目的となってしまいます。

これはリクナビNEXT、およびenミドルでのアンケート結果です。転職活動は在籍しながら活動する人が多いのがわかります。

また、辞めてから活動すると3ヶ月以内に決めなければいけない、短期決戦であることも読み取ることができますね。

退職してから転職活動をすると、収入が途絶え、焦りが出ます。そして条件が妥協的になることも明らかですね。

少ないチャンスにすがる状況に追い込まれると、冷静に仕事を選ぶことができなくなり、条件なども含め、妥協的になってしまいます。そのような気持ちで入社した会社は、当然希望と違いますから、またすぐに辞めたくなります。そしてまた新たな仕事を探す、いわゆるジョブホッパーとなる入り口に立ってしまいます。

また、企業の採用担当は、以下の理由であなたを評価しません。

1. 何も考えていない、仕事に責任感がないという評価をしてしまう
2. 会社を辞めている状態は、うつ病など体調に不安がある人ではないかと考える

久間　うつ病を疑うのですか！　でも病気を理由に採用の差別をしてはいけないと思うのですが、それはいかがでしょうか？

永楽　「公正な採用選考をめざして」（厚生労働省編纂）という冊子には、適性と能力で選考するよう記述があります。しかし現実的には、企業側はなるべく身心共に健康な人を採用したいと考えています。当然面接では病歴を聞くことができないため、**疑わしきは関与せず**という立場を取り、職務経歴書上にそのような影を感じたら、書類選考で落選させるのです。

久間　ちょっと衝撃です……。応募して落選している人は、離職期間があるからというだけで、そこまで想像されているということですか。

永楽　落選理由を伝える必要はありませんからね。当社の求めている人物ではないと判断しました、という一言で終わりです。そのため、余計な想像をさせない環境作りも意識しなければいけないのです。

転職した後悔としなかった後悔

久間　なんだか何も知らない状態で転職活動することが怖く、恐ろしくもなってきました。

永楽　そうですね。自分を変えたいと考え転職しても、改善されなければ意味がありません。まして、今の環境よりも悪くなってしまうことは想定もしていないと思います。しかし現実的には、多くの人が**転職に失敗した**と感じているのです。

久間　しかしお言葉ですが、ある求人サイトのデータでは、転職後の給与が上がったという人は35％程度で、同等程度が31％というものがありました。7割近くがある程度満足していると捉えることもできますが、その点はいかがでしょうか？

永楽　たしかに転職後のアンケート結果としてそのような数字がありますが、その数字はあくまでも参考程度に考えたほうがいいでしょう。給与はアップしたが、短期で辞めた事例も多くありますし、失敗したと感じた人のデータは排除されることも想定できます。あくまでも自分自身が転職の結果どうなるか、という点を重視すべきですね。

久間　たしかに自分が転職に失敗したとすれば、そのようなアンケートにはまともに答えないですね。しかし、今の環境で我慢しなさい、と言われても、やはり**行動せずに後悔すること**もあるのではないでしょうか。

永楽　そうですね。転職をして後悔する人もいれば、**転職活動をしなかったことで後悔する人もまた多いです**。人は行動を起こさなかったことがずっと頭に残り、後悔する生き物、と言われているくらいですからね。

久間　たしかにそうですね。うちの父もいい年だけど、夏の甲子園大会を観るたび、高校野球をやらなかったことを未だに後悔している、と言っていますね。なぜやらなかったの？と聞くと、当時の自分では無理だと端から思ってしまった、と。その話を聞くたび、やればよかったのに、と思いますよ。

自分を知り、転職市場を理解し、策を練る

永楽　転職活動もそうですね。なにせ仕事は自分の人生に関わる大きなイベント。慎重になるのは当然ですが、我慢してまでやるべき仕事なのか、もっと自分に合う仕事があるのではないかと考えることも普通です。まずは、以下のことをしっかりと意識すれば、転職を怖く感じることもありません。

1. 自分を知る
2. 相手を知る（転職マーケット）
3. 対策を練る

これを実現させるために、以下のことを意識する必要があります。

1. 自分という人物をどのように見てほしいのか

2. 求人企業から、あなたが欲しい、と思わせることができるのか
3. 求人企業があなたを採用した後、どのような変化が起こるのか

久間　たしかにそうですね。いろいろ悩んで先に進めないよりは、しっかりと準備して前に進みたいです！

永楽　ではこれから転職をするということはどういうことか、ということを、全6回のセッションで学んでいきましょう！

1

転職を考えたとき、まず何から始めるか

自分の強みと転職マーケットを知っていますか？

永楽　まず、この質問に答えてください。今の自分の立ち位置を理解することができます。

Q1　あなたは自分の強みを知っていますか？（Yes or No）
Q2　転職マーケットを取り巻く環境を十分把握していますか？（Yes or No）

久間　えっと、Q1はNoですね。自分の強みが何かとは言えないですよ。今はただ言われた仕事をこなすことで精一杯ですからね。ひょっとしてそれが強みなのかもしれませんが、まだ今の自分にはわかりません。次のQ2は、ある程度知っていますね。どの情報を見れば仕事が探せるか、割とわかりますよ。

永楽　この図で判断すると、cで依存型になります。**多くの若手人材は大体ここに分類され**

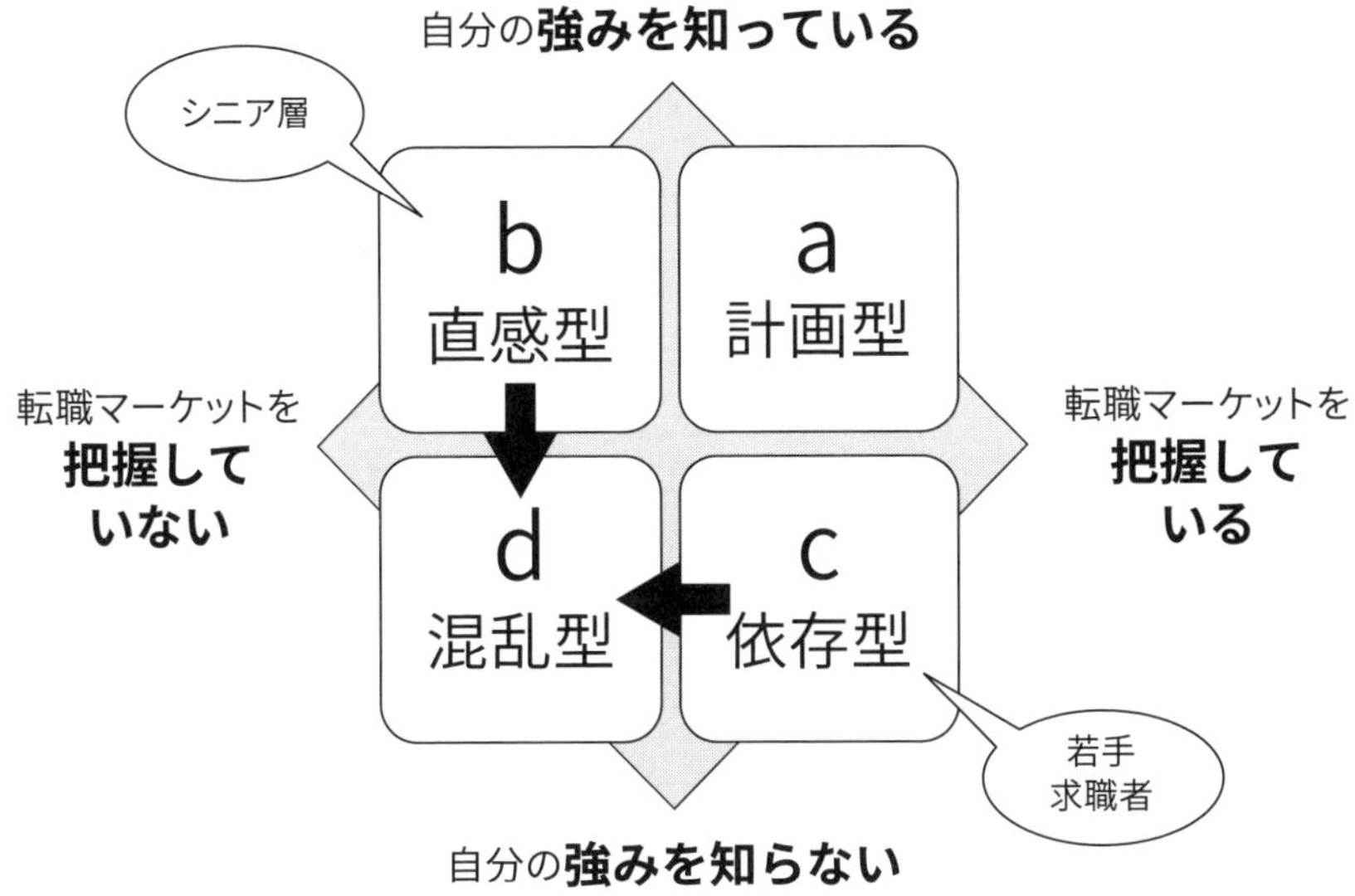

る傾向にありますね。いろいろと仕事を探す手段は知っているけど、自分の強みがわかっていないから、形から入る傾向があります。

多くの手段を通じて転職活動を始め、面接に進むことができるけれども、実は**評価されているのが「若さだけ」**というパターンです。それも強みですが、下手をすると自分のキャリアを上手く積めないという恐れも同居しています。

「若さが最大の武器」というくらい、企業は若い人材を望む傾向にありますから、スタッフレベルであるcゾーンは、内定を割と勝ち取りやすいですが、しっかりと自分軸を持っていないと、十分に経験を積むことができず、**やがて唯一の武器である若さを失ったとき、混乱型のdゾーンに突入してしまいます。**

30代ともなると、段々とcゾーンにいる人は評価されなくなります。

久間　たしかにわかりやすいですね。私は現在30歳ですから、cゾーンにいてはいけないということですね。自分の強みを知り、計画型にならなければ、若さしか推せるものがないと評価されてしまいますね。しっかりと自己理解を深め、準備をしなければいけないことがよくわかります。

永楽　ついでに言えば、**中堅からシニア層になると、bゾーンの直感型が多くなる傾向**です。このカテゴリーにいる人の特徴は、仕事で実績を上げているという自負があるので、自分をありのままに出せば評価が得られるはず、という強い思い込みを持っています。でもそこに欠けているのがマーケット感覚、いわゆる、**自分が売れる人材なのか？**という判断軸です。

いくら自分がいい商品だと思っていても、買い手がつかなければ商品は売れませんよね？この直感型人材は転職マーケットに溢れていて、皆、自分の期待値とは違う結果になって苦しんでいます。典型例は大手企業出身で早期退職した人。彼らは学歴もありプライドも高いので、自己評価通りの結果が出ないことに、とても苦しい想いをしています。

久間　このような人たちが、先ほど言われた会社を辞めてから転職活動をする、という行動をとってしまうのですね。自分の直感のみを信じて、転職マーケットのことを考慮しないと大変なことになってしまいますね。

永楽　そうです。何事も計画を立てながら進めていくことが大切で、行き当たりばったりで成功できるほど転職は甘くないのです。

理想のキャリアのために行動し続ける人は少ない

久間　でも、なぜ多くの人がこんな単純な構造がわからないのでしょう？　依存型、直感型の人たちは、情報が不足しているということですよね？　そんな状態で転職マーケットに飛び込むほど怖いことはないと思うのですが。

永楽　それは、多くの人は目標を立てずに行動してしまう傾向があるからです。**キャリアの**

行程という考え方がありますが、人は以下の３つのタイプに分かれるといわれます。

①絶対的キャリアに向かって進むタイプ
②途中で目標が形成され、柔軟に変化していくタイプ
③目標を持たず、行き当たりばったりで人生を送るタイプ
（木村進著『自分で切り開くキャリア・デザイン』（中央経済社）より）

この中で①が一番理想ですが、極少数です。たとえば、弁護士に成りたい、プロ野球選手になりたい、という目標を立てて、貪欲に行動している人たちです。
③はひどいと感じるかもしれませんが、実は多くの人たちが当てはまっています。たとえば、**変化が怖くて行動できなかった人や、嫌なことがあったので、現実逃避して緊急避難的行動を取る人**などです。転職希望の多くが、この③に当てはまると思います。

久間　このように解説されると、③はダメな人であり得ないと思ってしまいますが、実は多くの人たちがここに分類されるということですね。

永楽　しかも無意識であることが怖いところです。転職希望者、求職者は、自分がキャリアダウンする、という自覚に欠けています。転職後初めて自分がキャリアダウンしていることに気付き、何とか取り戻そうともがき苦しんでいる。そのような現象が頻発しています。

久間　そうすると、転職マーケットで評価される人材になるためには、①か②のタイプになっておく必要があるということですね。

キャリアアップする転職とキャリアダウンする転職の分かれ道

久間　キャリアアップとかキャリアダウンという話はやっぱり気になります。でも、人それぞれに捉え方があると思います。たとえば、給与が上がることだけがキャリアアップとは言えないと思うのです。

給与が上がっても、その分激務となって、いつも終電で家に帰るという話を聞くと、そこまでして働きたくないなあ、と考えてしまいます。最近は**「ワークライフバランスが大切だ！」**と言われているじゃないですか。仕事のために自分や家族を犠牲にすることがキャリアアップとは思えないのが正直なところです。

永楽　おっしゃる通りですね。人それぞれの働き方があるのは当然です。給与を上げていくことがいいのか、家族と過ごす時間を大切にすることがいいのか、いろいろな議論はあります。一方で自己満足だけでなく、**他者からの評価も大切です。**自分の理想の働き方を追求するためには他者評価を無視することはできません。

他者から評価されるとは、誰かに必要とされている、ということです。一方、他者から評価されていないということは誰からも必要とされていないということ、すなわちお金が稼げないということです。故に、理想だけでなく現実も意識しなければご飯が食べられない、ということになります。

久間 自分が取り組んできた仕事が、実は評価されない、という結果も有りうるということでしょうか？

永楽 そうですね、自分が長年取り組んできた仕事が、時代の変化とともに評価されなくなることは歴史が証明しています。最近の話では、ＡＩ技術の進歩で、銀行の窓口業務が縮小されていることはご存知だと思います。時代の変化に対して、自分が対応できるだけのアンテナは張っておく必要がありますね。

久間 これが②のタイプのキャリア形成ということですね。

永楽　そうです。以前持っていた目標も、時代の変化とともに変えていく柔軟な姿勢はとても大切です。**人の価値は自分だけが決めるのではなく、他者評価によっても決められるという感覚が転職マーケットでは大切です。**いい商品があっても、買い手がいないと売れないという話もしましたが、変化することを怠ってはいけないという感覚も必要です。

久間　転職市場での他者評価が得られるとは具体的にどう考えればいいのでしょうか？

永楽　簡単に言えば書類通過率が高い人ですね。多くの企業で「ぜひ会いたい」と思わせる人、たとえば、経験豊富（成功・失敗事例を多く持つ）、スキルが高い（経歴、学歴、保有資格、語学など）、仕事で結果を出している人などですね。いずれも、成功期待感が感じられ、求人企業に変化を与えてくれる人と捉えることができます。

久間　そうすると、時代の変化に気づくこともなく、ただ現状が嫌だから転職したいという人たちがキャリアダウンするということになりますか？

永楽　それだけではありません。自分が置かれている状況なども影響してきます。たとえば、

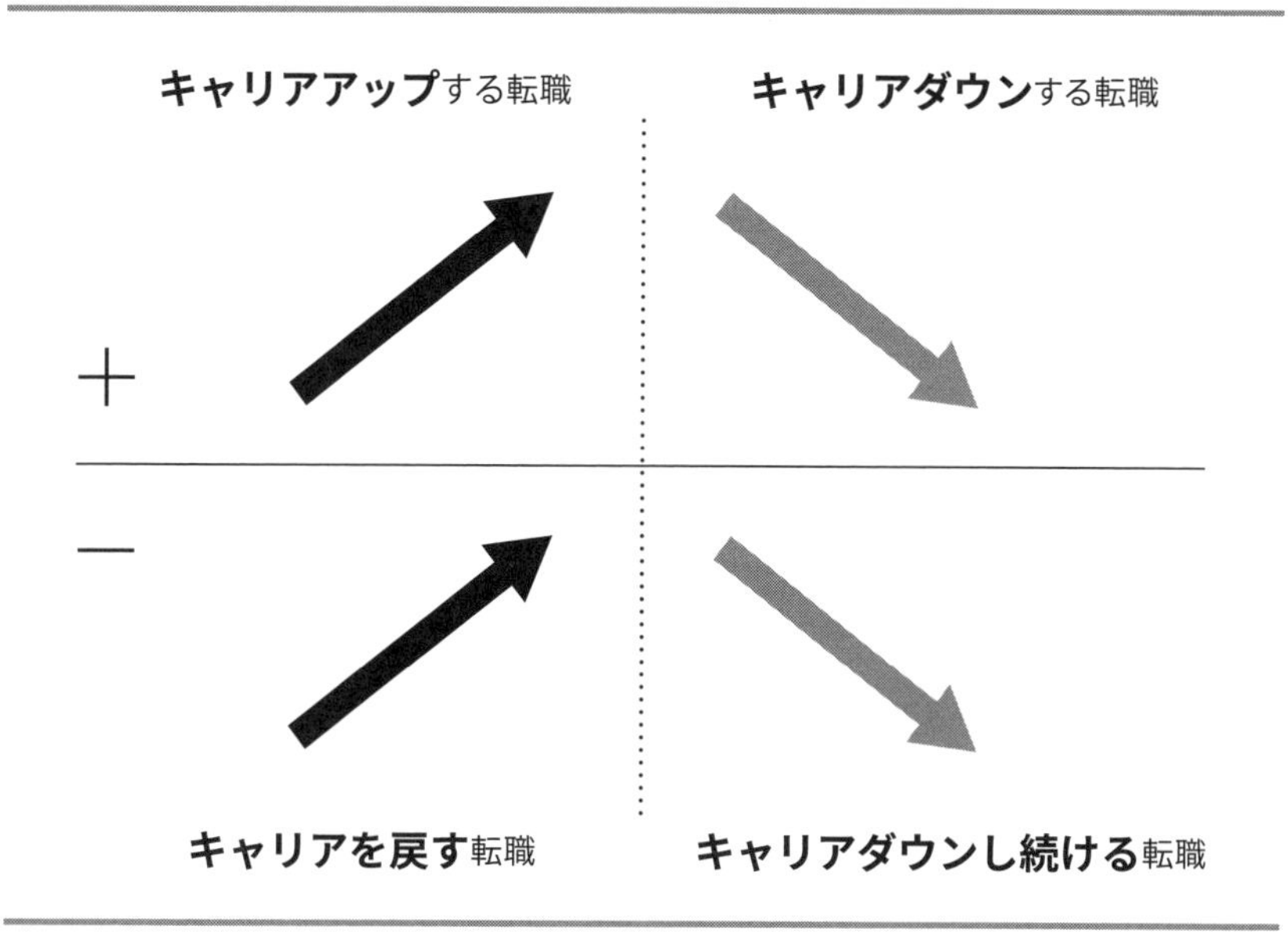

この図を見てください。転職は「キャリアアップする転職」「キャリアを戻す転職」「キャリアダウンする転職」「キャリアダウンし続ける転職」の4つのパターンしかありません。

これは人材紹介をやっているコンサルタントなら、いつも必ず頭に浮かぶ図です。今回の相談者はどのカテゴリーに入るかな、と考え、それに合ったサポートをしていきます。

久間　へぇ、面白いですね。これは求職者と面談するとわかることなのですか？

永楽　大体わかりますね。面談したときの印象とヒアリングで、この相談者はどのパターンで転職活動をしているのかな、といつも考えています。その都度思うのが、準備不足な人が多いなあ、という感覚です。

久間　そうですか。準備不足の人が転職活動をしてしまうと、一体どのようなことが起こってしまうのでしょうか？　よく、人材紹介会社には騙されるな、という話を聞くのですが、ここに紐づくのでしょうか？

永楽　グッドクエスチョンですね！　これが、**人材紹介会社が怪しいとされる要因のひとつ**なのです。たとえば、この4つのカテゴリーの中でどの転職が紹介会社にとって簡単なサポートなのかわかりますか？

久間　えー、そうですね、たぶん、「キャリアを戻す転職」のサポートではないでしょうか。先ほどの話だと、条件が悪くなっている求職者の足元を見るので、転職に妥協的な人が多く当てはまるから、簡単なのではないでしょうか？

永楽　なかなか鋭いですね。たしかに指摘していることは当たっています。しかし、一度落としたキャリアを元に戻す作業となるので、マイナスからゼロに戻すことは結構大変そうに感じませんか?

久間 あ、そうだ。たしかにこれはしっかりとした自己分析と理由付けなどが必要になってきますよね。そうすると、うーん、ちょっとわからなくなってきましたね。

永楽 混乱してしまいますよね。では答えを言うと、「キャリアダウンする転職」が一番サポートしやすいのです。たとえば100万円のダイヤを80万円にすると買い手は付きやすいですよね? それは元の価値よりも安く売りさばくからですが、「キャリアダウンする転職」も同じ構造と考えるとわかりやすいと思います。いい人材を安く雇うことができれば、買い手は嬉しいですよね。

久間 たしかにそうですが、「キャリアダウンする転職」をあえて求職者が選ぶとは思えないですよ。それはどう考えればいいですか?

永楽 そう、普通に紹介したら選ばないので、**求職者が自分の価値に気づく前に、転職を目的化するよう情報操作するの**です。簡単に言うと、自分に合った仕事に気づく前に、数多くの仕事を紹介し、転職モードへと誘導します。場合によっては**「嘘をついて求職者を騙す」**ということもします。紹介会社に騙されるな、というのはまさにこのことを言っているのです。

紹介会社の口車に乗って転職したけども、聞いていた話と違う仕事だった、条件が悪くなった、などなど、転職マーケットではよく起こるトラブルです。紹介会社は求職者を転職させて初めて売上が立ちますから、このような現象は日常的に起こっているのです。

久間　えー、それってとても怖いことですよね！　そんな理不尽なことをして許されるのでしょうか？

永楽　嘘をついてまでは行き過ぎで、個人的には許されないと考えています。監督官庁からの指導もあるので、そのようなことをする紹介会社はいずれ淘汰されるでしょう。しかし、いくら紹介会社が淘汰されたとしても、**自分自身の失ったキャリアはなかなか取り戻せない**ですよね？

突き詰めて考えると、最終的に転職すると決断したのは本人だから、自分の下した決断に責任を持つことが大切です。他人のせいにしても仕方がない、すべてこの世は自己責任という強い気持ちを持つことです。

久間　自己責任かぁ、厳しい現実ですね。でもなかなかしっくりこないですよ。情報操作まで して紹介して、人の人生を台無しにすることはやっぱりダメなことですよ。

永楽　その通りです。だから人材紹介会社はたくさん潰れるし、転職コンサルタントの多くが短期で辞めています。

人材紹介会社は、毎年1000以上の新規申請がありますが、同数廃業しますし、転職コンサルタントは、ヘッドハント会社で3ヶ月〜6ヶ月、その他紹介会社も3年くらいで辞めていきます。

どの商売でも、人から恨まれて続けることはできません。こんな粗い紹介スタイルをしていれば、当然二度とこの紹介会社を使いたくないと思いますし、コンサルタントと会いたくないと思うでしょう。そして、あのコンサルタントはひどかった、と噂され、結果、業界で仕事が続けられなくなるのです。

他部署への異動は転職市場的には「死刑宣告」

久間　会社を辞めてからの転職はNGということでしたが、そんなに厳しいのでしょうか？

永楽　明らかに厳しい結果が待っていますからなるべく避けてほしいと思います。たとえば、外資系企業からはリストラの話をよく聞きますが、多くの場合以下のような状況になります。

「今回、グローバルで社員全体の10％をカットすることになった。残念ながら今回あなたが対象者となりました。つきましては、以下の2択となります。

・会社に残ることはできるが、部署異動する。給与も下がる。
・割増退職金を付与され退職

さて、あなたはどちらの選択をしますか？」

久間 なかなか厳しい選択ですが、失業することは嫌なので、会社に残る選択をすると思います。でも、会社の都合で部署異動するのに、なぜ給与も下がってしまうのでしょうか？

永楽 それは、今まで経験していない仕事をすると、仕事の効率が下がるからです。日本企業ではあまり起こらない現象ですが、海外では当たり前のことです。よって、多くの人は、自分の価値を維持・継続させるために退職することを選択します。そして、割増退職金の他、在籍交渉も行います。

久間 在籍交渉ですか。それは一体どのようなことでしょうか？

永楽 これは先ほどから言っている、「会社を辞めてしまうと、転職に不利になる」からです。職務経歴書に、在籍中と記載するのか、離職中と記載するのかで印象はまったく違うという証明ですね。よって、転職に慣れた人であれば、在籍期間の交渉もしますよ。たとえば3ヶ月だったところを、6ヶ月まで延長してほしい、という感じです。

久間　在籍していても出社義務もない。転職活動に集中できる条件を整えたということですね。なかなかしたたかですね。

永楽　海外では自分の専門性を失うことをとても恐れます。他部署への異動は、いわば**「死刑宣告」**と同じです。自分の専門性を守るための当たり前の選択なのです。

トライアルと考えるか、リピートと考えるか

久間　そうすると、自分のキャリアをどう捉えればいいのでしょうか？

永楽　日本企業にいると、総合職として部署異動や転勤を繰り返し、角のないキャリアを形成してしまいますが、実はそれは他社に評価されにくい汎用性のないキャリアとなってしまいます。**キャリアを構築する過程では、自分の専門性を磨いていくこと**が大切です。

久間　専門性を磨くために転職をするということですか？　でも、転職は何度も繰り返すものではないですよね？

永楽　転職回数が多いと印象はよくありませんが、ただ、在籍企業が必ず安定しているとも限りませんよね？

私はキャリアを考える上で大切なことは、**自分を買ってくれるところがあるかどうか**、だと思います。そのためには、マーケティング論にある、以下の考えをキャリアでも活かすべきだと考えています。

トライアルビジネス＝売上を初回販売に依存するビジネスモデル
リピートビジネス＝売上の大半を再購入から得るビジネスモデル

私は、転職活動はリピートビジネスと同じだと考えています。

久間　転職は、次はもうしないつもりで厳選して行うべきもの、と思いますが、その点はいかがでしょうか？

永楽　その意見は甘いと思います。たとえあなたがこの転職を最後にしたい、と思っても、会社側がそう考えるかは別問題と思いませんか？　これを**「会社とは結婚できない」**と言います。

久間　そうですか⁉　実は私が新卒で入社したとき、人事担当から、会社選びは結婚と同じ、という言葉が出ました。また、転職した友人からも面接で「当社を最後にしてくださいね」と言われたと聞きました。だから、安定したいい会社を選ぶ転職が大切と考えます。

永楽　このデータを見てください。ここ最近従業員を減らしている企業上位10社がわかるものです。いずれも、以前は従業員を家族と考え、とても手厚い待遇をしていた企業ばかりですが、このような会社でも、リストラを敢行し、正社員数を減らしていることがわかりますね。

久間　本当ですね。たしかにニュース等でリストラや非正規雇用の情報をよく聞きますが、こうしてデータでみると、一目瞭然ですね。

永楽　採用するときは「家族」という言葉を使いますが、それはすぐに辞めてほしくないから言っているに過ぎないのです。その言葉を受けて、たとえば、**「私は辞めません、だから**

従業員を減らした会社 2013年10月〜2014年10月期

順位	社名	5年前 従業員 減少数（人）	直近 決算期末の 従業員数（人）	5年前比 従業員 減少数（%）	5年前比 売上高 増減率（%）
1	NEC	▲42,413	100,914	▲30	▲28
2	日立製作所	▲41,071	320,725	▲11	▲4
3	ソニー	▲30,400	140,900	▲18	0
4	パナソニック	▲20,461	271,789	▲7	▲0
5	アーク	▲15,128	3,334	▲82	▲83
6	マブチモーター	▲13,196	28,132	▲32	17
7	日産自動車	▲12,734	142,925	▲8	24
8	パイオニア	▲9,922	22,193	▲31	▲11
9	ユニデン	▲8,130	1,703	▲83	▲58
10	東京電力	▲6,762	45,744	▲13	13

従業員を減らした会社 2015年12月期〜16年11月期

順位	社名	5年前比 正社員 増減数（人）	正社員数 （人）	5年前比 正社員 増減率（%）	非正社員数
1	パナソニック	▲117,417	249,520	▲32	—
2	ソニー	▲42,900	125,300	▲26	—
3	ルネサスエレクトロニクス	▲27,470	19,160	▲59	887
4	日立製作所	▲26,501	335,244	▲7	45,111
5	NEC	▲17,114	98,726	▲15	—
6	富士通	▲15,821	156,515	▲9	17,207
7	第一三共	▲15,239	15,249	▲50	—
8	東芝	▲14,829	187,809	▲7	—
9	マブチモーター	▲13,047	24,419	▲35	97
10	シャープ	▲12,069	43,511	▲22	—

出典：東洋経済オンライン

リストラもしないでくださいね」と言っても会社側は約束してくれませんよね？　それは将来どうなるかわからないからです。

業績不振や、企業買収などでリストラされる可能性は十分あります。**安定したいい会社とは？**　の定義をしっかりと持たなければいけない時代になっています。

久間　会社と結婚はできない、か。考えも及びませんでした。ではどのような状態が理想なのでしょうか？

永楽　それは、嫌なことがあったとき、辛いことがあったとき、**「私、辞めます！」**の一言が言えるかどうかでしょうね。でも多くの人が辞めたいけど辞められない事情を抱えています。そのような場面に追い込まれる前に、自分自身で準備をしておくことです。だから、自分にとって有益な情報を取れる環境を持っておくことがとても大切なのです。

ライフキャリアとジョブキャリア

久間　やはり転職は簡単ではないですね。いろいろとお話を伺っていると、自分は甘いと感じてきました。今の仕事は辛いですが、我慢して続けたほうがいいのでしょうか？

永楽　多くの人が転職に踏み出せない理由が、「自分は我慢が足りないのではないか」という考えです。ライフキャリアとジョブキャリアという考えがありますが、この違いはわかりますか？

久間　よくわかりません。何となく違うようには感じますが。

永楽　**ライフキャリアは、人生そのものです。ジョブキャリアは仕事に限定されます。**よって大切なことは、**ライフキャリアを充実させること**になります。

仕事だけでなく、家族やコミュニティ、自分自身の趣味、老後はどこに住むのか、など、全体にイメージする幸せのようなものです。しかし、**ジョブキャリアは人生の大半を占めています。**大学を卒業してから定年まで、おおよそ40年で、かつ、一番大切な時期です。

久間　人生を充実したものとしたい。仕事だけでない、ワークライフバランスが大切、というイメージがありますが、仕事の呪縛から逃れられない苦しさもあります。考えれば考えるほど、悩みが尽きません。

永楽　悩むことは当たり前です。最近は終身雇用制度が崩れてきていますし、海外企業との競争も激化しています。さらに少子高齢社会に突き進んでおり、年金受給年齢の引き上げなど、不安要素だらけです。

その環境を考えたとき、やはり自分の強みを知っておくことが大切になります。それを検証をすることができる手段が、**「転職活動」**です。そう前向きに捉えてください。

まず、採用側の戦略を知る

久間　悩むことは当たり前と聞き、ちょっと気分が軽くなりました。それでは、転職活動を始めるにあたって、まず何から始めればいいのでしょうか？

永楽　転職は多くの情報ソースを活用することで有利に進めることができます。転職に関するサービスは一見たくさんあるように感じますが、実は非常にシンプルです。

大きくは求職者が直接企業に応募する**「直接応募」**と、紹介事業者を通じた**「紹介会社経由での応募」**の2種類です。たとえば53ページの図を見てください。これは企業目線で人材を採用するときの手段を図解したものとなります。

久間　このように見るとシンプルですね。よくテレビCMやネット広告などでいろいろな企業が自社サービスの有効性を宣伝していますが、もっとあるのかと思いました。

永楽　転職に関わる会社は多岐にわたるのでややこしく感じますが、基本は至ってシンプルです。情報ソースはたくさんあっても、自分がどの方法で転職活動をしているのかを理解しておけば、混乱することも少なくなると思います。だからこの図を理解することはとても大切です。

久間　では教えてください。

永楽　まず自分が企業の経営者になった気分で考えてください。人を採用したいと考えたとき、どのように考えると思いますか？

久間　私が社長ということですね。そうですね、まずは身近な人に声を掛けていくのではないでしょうか。いい人いませんか？　という感じで、同僚や友人を誘うと思います。

永楽　そうですね。起業した頃は資金も少ないし、実績もないから身近な人から声を掛け、なるべくコストを抑えて人材を探そうとします。では次の段階はどうなるでしょうか？

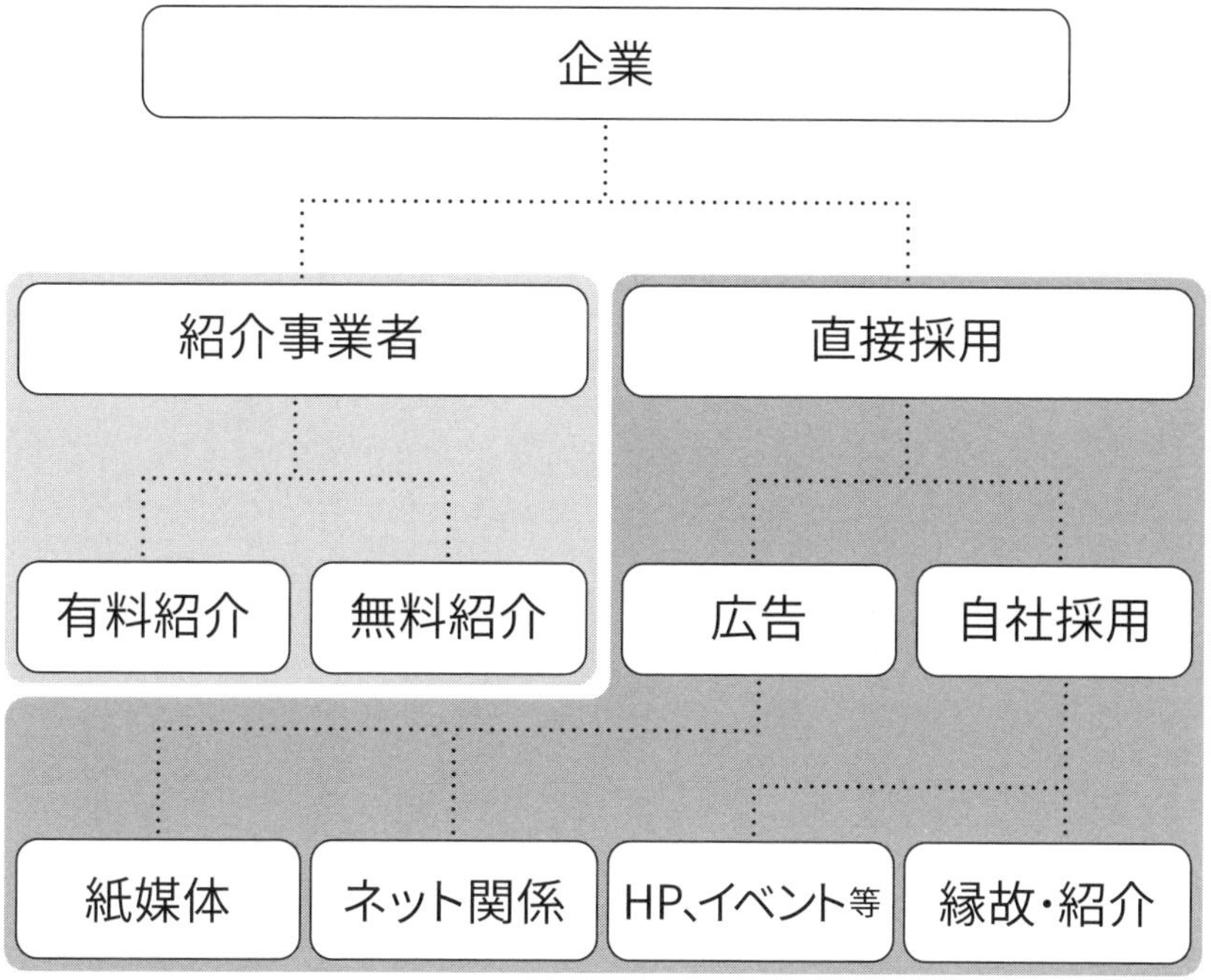

◆有料紹介会社

〈大手規模〉リクルートエージェント、PERSOL、JACリクルートメントなど

〈中小規模〉国内系・外資系（登録型）など全国に約20,000事業所

◆無料紹介 ハローワーク、農協、商工会議所など全国に約1050事業所

◆広告

〈紙媒体〉クリエイトなどの新聞折込、タウンワークなどのフリーペーパー

〈ネット媒体〉リクナビNEXT、マイナビ転職、エン・ジャパンなど転職サイト

◆仕事検索、SNS Indeed、LinkedIn、Facebookなど

◆自社採用

求人企業のHPにある採用ページ、縁故・紹介

中途採用者向け採用イベント（主催者：転職関連企業、新聞社等のメディアなど）

久間　そうですね、次は自社ホームページに掲載をしつつ、求人広告を打つのではないでしょうか。また、ハローワークなどの無料紹介事業所にお願いすると思います。

永楽　段々と訴える範囲が広がっていきますね。身近ではもう心当たりはないから、関係性の薄い人でも採用しようと考えます。**広告を打つとコストはかかります**が、期間内に応募した人から複数名採用することもできます。成長ステップに入った企業は求人広告を利用するようになります。では、それでも採用できないとき、どうしますか？

久間　残された手段は有料人材紹介会社ですね。ここに声を掛けることになると思います。

永楽　その通りです。企業が人材紹介会社に声を掛けるときは、ある程度の規模になった状態で、さらなる成長のため、厳選した優秀な人材を採用したい、と考えていることになります。

久間　そう考えると、人材紹介会社経由で転職活動をすることは、有利でしょうか、不利でしょうか？

永楽　一般的に考えれば求職者は有利と考えることができます。紹介事業者を利用した場合、求職者はコストの負担もなく、多くの情報提供をしてもらえます。面接となれば日程調整も行ってくれ、かつ、内定時の交渉も代理してくれます。

求人企業も同様で、紹介手数料は掛かりますが、ほとんどが成功報酬契約なので、多くの紹介事業者から応募がある人材を、厳選して採用することができます。

久間　なるほど、とてもいい制度ですね。求職者は日中仕事がありますから、日程調整などを行ってくれると、随分楽になりますね。

永楽　でも一方で、紹介会社を使うと厳選採用となるので、採用のバーが上がることになります。たとえば、年齢的ハンデがある人や経験が足りない人、家庭を持つ女性、転職回数が多い人など、**紹介手数料を払って採用したいかどうか、**という判断軸が壁となってしまいます。そして先ほども言及した、紹介事業者による情報操作も考慮しなければなりません。

久間　紹介会社が求職者を相手にしないこともあるのでしょうか？

永楽　厳しいですが、そのような場合もあります。求人企業はボランティアで採用活動を行っているわけではないので、人材紹介会社もその意向を踏襲《とうしゅう》するのです。成功報酬でのビジネスモデルは、すべての求職者に丁寧に対応する余裕を奪っています。どうしてもコストに見合う人材のみを厳選することになってしまうので、その点は注意が必要です。

久間　そのようなこともあるので、求職者側も多くの選択肢を持っておいたほうがいいですね。紹介会社を利用する、自分で直接企業に応募するなど使い分けることもできますね。

永楽　最近、直接採用に力を入れている企業も増えていますし、FacebookやLinkedInなどのツールを使って、人事担当者と繋がることもできる環境は、以前よりも選択肢は多く、いろいろと間口は開かれています。

Indeedのような情報検索サイトの登場も、求職者が手軽に求人情報を集めるツールとして活用されています。このように企業と求職者が直接やり取りできる環境が整いつつあり、そちらを好む人も増えてきています。

ただし、**直接採用で注意しなければいけないことは、全部求職者自身で対処しなければい**

けないということです。職務経歴書の作成、企業選び、志望動機、自己PR、面接対策などはもちろん、内定が出たときの条件交渉など、多岐にわたるプロセスすべてを自分自身で行います。

求職者は転職のプロではないため、場合によっては悪条件での入社となってしまう恐れすらあります。**孤独な戦いを強いられる**ことは間違いないでしょう。転職活動はとても辛く厳しいので、相当メンタルがタフでないと一人では戦えないと思います。

久間　なるほど、簡単に考えていましたが、このように詳しく聞いているだけでも転職活動は大変そうですね。恥ずかしながら、そこまで深く考えていませんでした。今までの経験を求人企業にぶつければ、必ず思いは届くはず、と考えていましたが、それは甘いということですね。

永楽　真剣にキャリアアップしたいと思うなら、まずは強い気持ちを持つことからですね。多くの人が**転職を目的化し、内定がゴール**となっています。しかし、本来は転職を通じて自分の理想とするキャリアを求め、新しい環境で活躍することが目的であるはずです。

そのためにはまず、**自分は何ができて、何をやりたいか**をしっかりと言語化し、アピールできなければ始まりません。この転職活動の基本的な発想を持っていない人はとても多いのが現状です。

久間　そうでしょうね。自分の人生についてそこまで深掘りはしてこなかったです。なんだか大変ですね……。

永楽　そんなに落ち込まないで大丈夫です。自分のキャリアを真剣に考えてこそ、相手に伝わる想いがあります。でもこの発想は、ほとんどの求職者ができてないので、**しっかりと対策を講じれば、それだけで他者よりも有利に立つことができますよ。**

求人情報をどう仕入れるか？

久間 では、具体的にどのようにして求人企業を見つければいいのでしょうか？

永楽 61ページの図を見てください。主にこのような感じで情報を集めることができます。

・企業のホームページをチェックする。
・求人媒体（ウェブ広告、検索、情報誌、チラシ等）から情報を得る
・SNSを通じて、求人情報を得る
・求人情報を縁故、紹介を通じて知る
・紹介会社に登録する
・突然、ヘッドハントの連絡が入る　など

まず意中の会社があれば、その企業のHPから採用情報をチェックし、中途採用をしてい

るのかを確認します。
応募したい案件があれば、そこに個人情報を登録すればよいだけです。その際、職務経歴書などを添付することや、自己PR、志望動機なども必要になるので、事前準備がとても大切です。

久間　応募したい企業に直接アプローチできるのですね。とてもわかりやすいです。

永楽　求人媒体から応募する、という方法もあります。たとえば、**マイナビやエン・ジャパン**といった媒体は、企業から掲載料をもらって求人案件を載せており、自分が応募したい業界や職種を絞って検索できるので、複数社該当が出て、非常に気軽に情報を得ることができます。気に入った案件があれば、1社とは言わず、複数社応募できますから、自分の可能性は膨らみますね。

久間　これはとても便利な方法ですね。多くの企業案件を手軽に見つけることができ、一気に応募できる。時間も節約できて効率が良さそうですね。

求職者の**情報の仕入れ方**

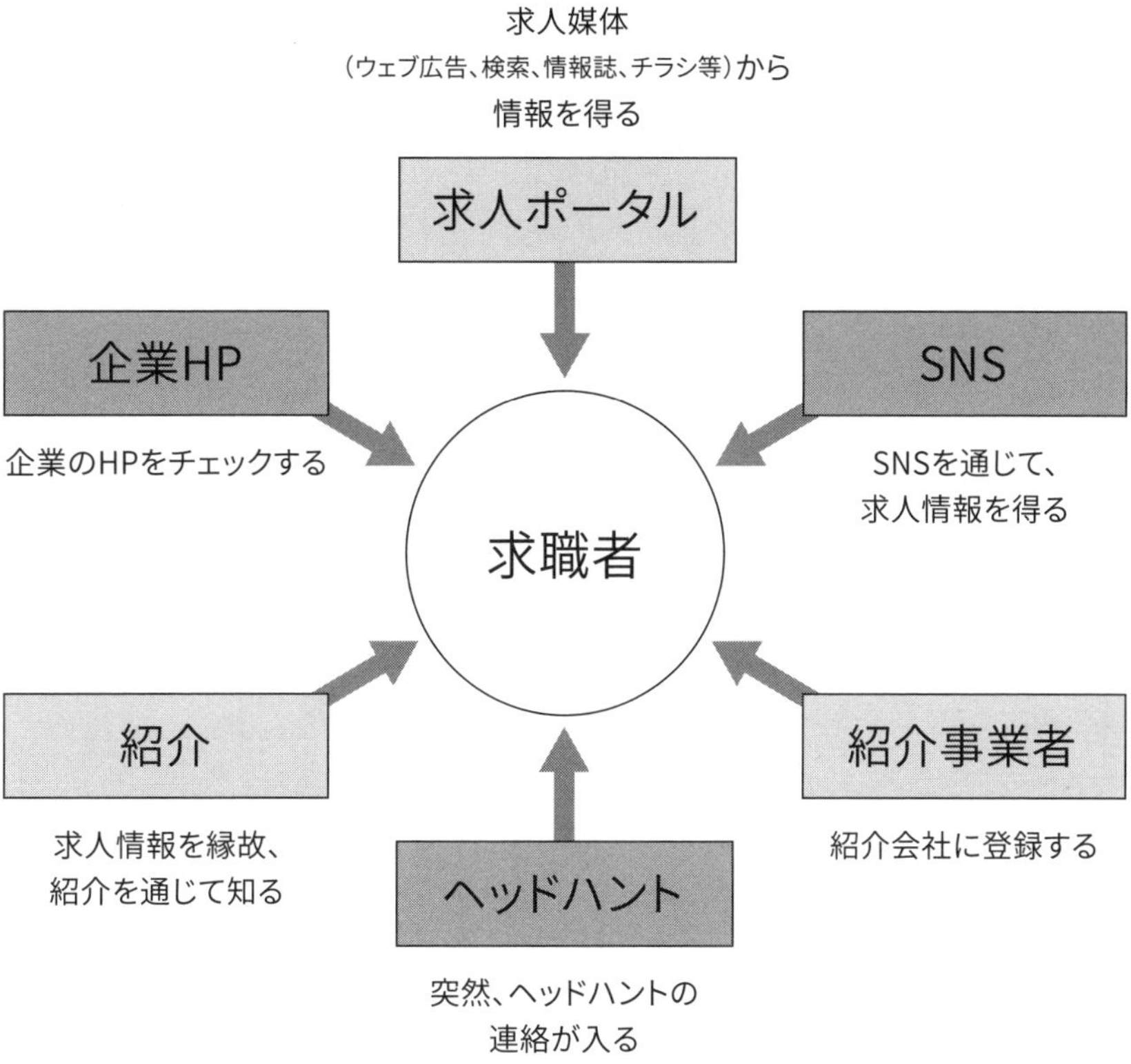

永楽　求人広告は、最近はウェブ媒体が主流になりつつありますが、新聞や情報誌、チラシなどでも見つけることができます。仕事内容に加え、給与相場なども明記されているので、判断材料を得ることができます。

久間　ただ一方で、これら求人情報に掲載されている案件は、給与相場なども低く、自分が望む条件に該当するものが少ないという印象もあります。

永楽　求人広告は大量採用をしたいとき、スタッフレベルなど**採用のハードルがあまり高くないときに向いている手段**になるので、たとえば年収が高いマネージャーや部長などの管理職や専門職などは掲載されていないことが多いですね。

久間　そのような案件を探すときは、どうすればいいのでしょうか？

永楽　まずは紹介会社に登録することです。以前も言及しましたが、紹介手数料を支払ってでも採用したい、というレベルの人を探している企業が利用しているので、スタッフレベルはもちろん、管理職や専門職の案件も数多く取り扱っています。求人企業も、広告では採用できないポジションと考えているので、使い分けています。

久間 そうすると、同じ求人企業で、求人媒体には掲載されていなくても、紹介会社に行けば紹介される案件がある、ということですね。たしかに広告費もかかりますから、使い分けも必要な戦略と感じます。

永楽 広告費の問題もありますが、効率的に仕事を進めるため、という点もあります。自社ホームページや求人広告に案件を掲載すると、人気企業であればあるほど、応募が殺到します。

しかし、選考基準に満たない求職者がたくさん応募してくるため、人事担当者はその都度大量のＮＧの連絡を求職者にすることになり、本来の業務が滞ることが頻発しています。そのために、特定の紹介会社のみに情報を開示して、厳選して採用する場合があるのです。

久間 これがいわゆる**「非公開案件」**ですね。ただ、特定の紹介会社のみに情報を開示すると、応募総数が伸びないというリスクもあると思います。それでも非公開で募集したほうがいいという判断でしょうか？

永楽　大体非公開にする案件は、募集枠が1名など少人数であることが多いので、これで良いと考えています。求人企業は、多くの人に応募してほしいわけではなく、**採用したい人1人の応募で良いと考える**のです。

大量のNG連絡に時間を取られては、本来採用したい人を逃してしまう可能性もありますからね。欲しい人を待つ、それも大切な採用戦略ということです。

久間　やはりスタッフレベルと管理職・専門職では、企業の見る目も大きく違ってくるのですね。そうすると、私は紹介会社経由での転職活動が向いていると考えればいいのでしょうか？

永楽　大切なことは自分にとって有益な情報を得ることですから、有望な選択肢のひとつ、という位置付けで良いのではないでしょうか。その他にも方法がありますからね。

久間　ヘッドハントされる、というのは、どう考えればいいのでしょうか？

永楽　ヘッドハントは紹介会社によって行われる行為ではあるのですが、最近はSNSのお陰もあり、人と人が直接繋がることができるようになりました。このつながった人が、ヘッドハンターの場合もありますが、企業の採用担当の場合もあり得ます。以前では求職者が他社の採用担当と出会うことは稀でしたが、最近はSNSを主力とした採用を行っている企業もあるくらいです。

これまでいろいろな手段についてお話ししましたが、自分がどのような仕事を探しているのか、じっくり探したいのか、急いでいるのかなどの状況を踏まえ、検討してみればいいと思います。

久間　便利な世の中になりましたね。こうして見てみると、いろいろなきっかけで転職することができるのがわかりました。このような手段を知っているか知らないかで、情報量も質も大きく変わってきますね。この地点でも、知識の差が出ていると感じます。

求人企業がこっそりと採用する理由

永楽　非公開で採用する理由で、少し耳の痛いことも知っておくといいと思いますので、ちょっと紹介させていただきます。

久間　え、それは怖い話ですか？

永楽　そうですね、自分が対象者となればとても怖い話だと思います。
たとえば、あるチームの管理責任者がいたとします。残念ながら思うような結果を出すことができず、部下を引っ張っていくことができません。このままではチーム全体に悪影響を与えてしまうとき、会社はこっそりと後任を探すのです。当然、オープンにできませんから、非公開で探します。

久間　会社が辞めさせたい人がいた場合にも非公開で募集する、ということですか？

永楽　パフォーマンスが思った以上に上がらないと全体の士気に影響しますからね。管理責任者であれば、やはり自分で責任を取らなければいけないのですが、急に辞められると企業も困ることがあります。そのような場合に後任を採用した後に辞めてもらう、という段取りを踏むのです。

人材の世界で働いていると、このような事例に何度か遭遇します。とても残念な話ですが、その会社や周りの同僚を考えると、そのような措置もやむを得ないのでしょう。

久間　自分の知らないところで自分の後任が決まっている……。自分に置き換えると怖いですね。

永楽　このようなケースは海外ではよくあることですし、日本でも結構行われています。そしてやがてそれが当たり前になる時代が来るでしょう。そのとき、絶望するか、切り替えて新しい自分に合った職場を探そうと思うか、それを今後は意識して働かなければいけないのです。今日の話を肝に銘じて、今後絶望しないようなキャリアを目指してほしいと願っています。

久間　そのためには、やっぱり会社に頼るだけの人生は良くない、ということですね。自分自身のキャリアにこだわる重要性が見えてきました。

永楽　やはり辞めたい、と思ったときに辞められることが大切なのです。すでに、会社は定年まで面倒を見てくれない時代ですから、自分の足でしっかりとキャリアの階段を登れるように準備しておく必要があります。

紹介会社のあなたの担当はコンサルタントか荷さばき人か

久間　人材紹介会社もいろいろあると思うのですが、やはり怪しいという感覚が拭えません。どのようにお付き合いすれば良いのでしょうか？

永楽　人材紹介会社の規模は関係ありません。自分にとって合うか合わないかという判断軸を持っていればいいと思います。求職者が自分のキャリアや悩みについて語るとき、その受け手がどのような考えを持っているかを感じましょう。

たとえば、相談者には以下のようなカテゴリーがあります。

---

①　カウンセラー＝話を丁寧に聞いてくれる人（傾聴）
②　アドバイザー＝迷ったときに助言をしてくれる人
③　コーチ＝導いてくれる人

---

④　メンター＝経験を語ってくれる人
⑤　コンサルタント＝答えを持っている人

訪問した紹介会社の担当者が、どのカテゴリーに近いのかを見極めることも大切です。

久間　よく、人材紹介会社で働く人は、コンサルタントを名乗っている人が多いと思いますが、この分類を見るとちょっとしっくりこないですね。

こちらがわからないことを質問しても、「企業のホームページを見てください」「応募後の面接で聞いてください」などと回答をされたことがあります。話も丁寧に聞いてくれず、私に興味がないようにすら感じます。

永楽　そのような人は、**「荷さばき人」**と考えてください。多くの情報が入ってくる紹介会社の中には、求職者一人ひとりの事情など把握する時間も、求人企業の募集背景も知る暇も興味もないところがあります。

このような人たちは、**「情報をひたすらさばくこと」**を重視しますので、相談者のどのカテゴリーにも該当しません。付き合い方としては、情報源と思えば良いと思います。そのため**「流されないための自己理解」**が大切なのです。

ヘッドハンティングの意味

久間　そういえば、先日突然会社にヘッドハンティング会社からの電話がありました。そのときは忙しくて、あまり話を聞かずに電話を切ってしまったのですが、これは一体どういうことだったのでしょう？　まだヘッドハンティングされるような年齢でもないですし。

永楽　ヘッドハントの電話は初めてだったようですね。初めてだと怪しいと思って電話を切ることも致し方ないですが、ちょっともったいなかったかな、とも思いますね。

久間　やっぱり、いい転職話があったのでしょうか。もし条件の良い案件だったと考えると、少し後悔してしまいます。

永楽　いやいや、そういう意味ではないです。**今後の自分自身のキャリアを考える上で、必要な情報収集の機会だったのに、**というくらいです。そもそも、ヘッドハンティングの電話でいきなり転職を勧めることはないですから。

久間　それではどのような意味と目的があるのでしょうか？

永楽　まず、ヘッドハンティングする側の状況を説明しますと、指名でコンタクトすることもありますが、ほとんどが所属企業と部署、そこで働く人の名前くらいしかわからない状態でコンタクトをします。

多くの場合、その人が今何歳で、どのくらいの経験値があるのかもわからないです。**ヘッドハンティングの第一の目的は、会って面談すること**です。

久間　それでは特に請われてコンタクトしているわけではない、ということでしょうか。電話では、「優秀な人と伺っているのでぜひ会いたい！」という調子でしたけど。

永楽　ある程度の範囲を絞って連絡をしているので、嘘を言っている訳ではありません。ただ、人間会ってみないとわからないので、まずはどのような人物なのかを見極めるきっかけとヘッドハンターは考えています。

久間　コンタクトしてくるけど、案件を紹介をしないこともある、ということでしょうか？

永楽　そういうこともあります。紹介会社にとってヘッドハンティングは、求職者情報の収集活動の1つです。これは先ほど説明した転職情報収集と同じ考え方で、いろいろな手段の1つに過ぎません。

人材紹介会社は、いい人材となるべく多く関係を持ちたいと考えていますが、本人に転職する気がまったくなければ、転職サポートはできません。今すぐどうする、という即効性はないですが、優秀な人材の発掘のために必要な地道な活動と考えています。

久間　転職サイトなど自分から情報を開示してすぐにでも転職をしたい人ではなく、**潜在的な候補者の開拓**ということですね。すぐに転職しない人をサポートしても結局無駄だと思うのですが。

永楽　そうとも限りません。サラリーマンは人生のうち、何度か転職が頭をよぎるものですよね。「今のままでいいのか？」「もっと自分にふさわしい仕事があるはずだ」などと考えます。そのタイミングが上手くハマれば、有力な候補者として浮上してくることもあります。

転職を積極的に考えてこなかった人は、現在の仕事で満足し、活躍している人が多いので、求人企業から見ても魅力的に映ります。

求人企業は何かしらの問題点があって、それを解決してくれる人が欲しい、だから、バリバリ働いて活躍している人が求められます。ヘッドハンターはそのような人と多く交流し、求人企業のニーズに応える努力をしています。

久間　結構奥が深くなってきましたね。そうすると、コンタクトがあったときにとりあえず会っておくというのは悪いことではないですね。

永楽　気楽に会って情報交換すればいいのです。職務経歴書も用意していない状態ではヘッドハンターも、企業へ勝手に応募できないですからね。ヘッドハンターが持っている情報を聞き出し、同時に自分の略歴とキャリアビジョンを話せばいいだけです。

そうやって話をしていると、価値観や話が合うヘッドハンターに出会うことができます。そこで継続的にお付き合いをしていれば、転職マーケットの情報も入手できます。このような機会を大切にすれば、メリットしかないと思いますよ。

久間　そうですね。でも、ずっと情報だけもらって転職をしないとなんだか申し訳ないような気もしてきます。一生懸命やってくれているのに、情報だけもらうなんて、ちょっと心苦しいです。コンサルタントはノルマもあるのですよね？

永楽　それは考えすぎです。ヘッドハンター側も、情報提供はするけど、その人に合う案件がないと紹介することをしませんからお互い様です。自分が転職するための条件をしっかりと伝え、お互いが理解し合っていれば問題ありません。

ヘッドハンターは狩猟型営業ではなく、農耕型営業に近く、中長期を視野に入れたリピートビジネスという考えを持っているので、目先の利益を追い求めるような人はいません。

久間　なるほど。深く考えすぎない、ということですね。

永楽　私自身も、10年前にコンタクトして以来、一件も案件を紹介したことがない人もいます。あるとき、「なぜ求人案件を紹介してくれないのですか？」と聞かれたので、「あなたが言っている条件は今のところない、現職が一番合っている」とお話ししました。無理に転職させて、二度と連絡が取れない状態にするほうが、不利益です。

久間　中長期で求職者の管理をすると、一体どのような効果があるのでしょうか?

永楽　まず、求人企業の要望に応えることができます。特にマネージャー以上の案件になると、企業側の要望がかなり厳しく、そこに応募できる求職者も限られてきます。そのとき、中長期でサポートしている候補者が大切になります。

次に、キャリアアップする転職のサポートができます。登録している潜在的な求職者は現状にある程度満足しており、今すぐに転職したいとは考えていません。しかし、もし転職を考えるなら、このようなことができる企業・案件を積極的に検討したい、という希望を持っています。

現在の仕事を捨ててまでもチャレンジしたい案件は、本人にとって「キャリアアップできる機会」と捉えることができます。求人企業にとってもいい人材にすぐに出会え、求職者にとってもキャリアアップできる機会を得ることができる、ついでながら、紹介会社も売上を上げることができる、という「**三方良し理論**」が成立します。

久間　求人企業が、「こんな人いますか？」と言ったとき、「わかりました、これから探します」と言うか、「わかりました、こんな人はいかがでしょうか？」と言うかでは大きな差ですよね。たしかに候補者の立場で考えても、望んでいた案件をぴったり紹介してくれると嬉しいですね。

永楽　求人企業も、ハイクラス案件にはかなり厳しい条件を要求します。それは能力だけでなく、やり遂げる意思や意欲、興味などのパーソナリティも兼ね備えていなければいけません。面接回数も多くなり、面接官も役員クラスのオンパレードです。その**厳しい選考を乗り越えることができる人が、都合よく見つかるはずがありません。**だから、中長期での管理は紹介会社にとって大切なのです。

久間　これは求職者から考えても同じですね。転職したいときに初めて仕事を探す行動に出る人と、紹介会社と中長期で情報交換を続けている人では、大きな差がついているということですね。

永楽　以前より情報は世の中に溢れ、集めやすい時代にはなっていると思います。しかしながら、自分にとって有益な情報とは何か、という定義も忘れてはいけません。それを集めるのは**最後は人と人のつながり**です。

ネット情報などはどうしても距離を感じてしまいます。手軽に情報を集めやすいですが、同時に拾われにくい側面も同居します。人脈は金脈、とはよく言ったもので、その人個人に合った有益な情報が一つあるだけで、かなり状況は変わります。体は一つですから、意中の仕事ができればそれが一番です。

久間　体は一つ、か。たしかに、多くの案件を紹介されても、自分にとっていいとは限りませんからね。少ない選択肢は不安でもありますが、実は一番効率のいい方法ですね。

永楽　いわゆる、「選択と集中」ですね。何を選択するのか、しないのか、という基準が大切で、その絞りができているか否かで、その後の人生は大きく変わっていくのです。

2

転職
マーケットの
生態系

給料が安いのはあなた個人だけの問題ではない

久間　先日、大学の同級生と飲む機会があったのですが、給与の違いがわかり、ちょっとショックを受けています。同じサラリーマンでも企業規模や業界、職種によって給与が大きく違うのですね。

私の会社は年収が他業界よりも低いと言われていますし、今は業績不振でもあります。給与が低いことで、私自身のマーケット価値が下がってしまうことがあるのでしょうか？

永楽　給与相場は業界や企業規模によって違います。そして利益構造も大きく影響します。誰しも給与が高いほうが嬉しいと思いますが、個人の力では改善できない壁はたしかに存在します。今回のように友人と給与の話をし、自分の給与が低いことを知り、嘆いてしまうことはよくあります。単純比較はできないですが、選んだ仕事によって給与相場が違う、という考えを持つ必要はありますね。

業界別40歳モデル年収ランキング

順位	業界名	平均年収(万円)	順位	業界名	平均年収(万円)
1	コンサルティング	1316	33	電子部品	608
2	総合商社	1232	34	自動車部品	602
3	放送	879	35	創薬ベンチャー	601
4	携帯電話事業者	839	36	ネット通販	600
5	投資事業・投資ファンド	815	37	医療機器	598
6	メガバンク	798	38	鉄道(JR・民鉄)	597
7	石油	784	39	鉄道車両	594
8	海運	776		鉄鋼・非鉄金属	594
9	証券	755	41	化粧品	585
10	総合重機	745	42	産業機械	583
11	医薬品	731	43	食品	573
12	自動車	723	44	文房具・事務用品	556
13	電気・家電大手	706	45	通販	537
14	複写機・プリンタ	702		カー用品	537
15	映画・アニメ	695	47	スポーツ・フィットネス	536
16	トイレタリー(日用品)	690	48	ドラッグストア	527
17	飲料・酒類	689		コンビニエンスストア	527
18	損害保険	673		教育・学習塾	527
19	建設	671	51	人材サービス	522
20	パチンコ・パチスロ	648	52	旅行	519
21	不動産・住宅・マンション	647	53	レジャー・テーマパーク	518
22	倉庫	636	54	陸運	500
23	生命保険	633		繊維・アパレル	500
	化学	633	56	スーパー	493
25	広告	632	57	外食	491
26	ゲーム	629	58	中古車	488
27	ITサービス、ソフトウェア	627	59	ホームセンター、ディスカウントストア	485
28	工作機械	626	60	家電量販店	482
29	ウェブサービス	624	61	リサイクル・中古	466
30	半導体製造装置	622	62	ホテル	464
31	建設機械	612	63	百貨店	452
32	ネット広告	609	64	介護	401

出典:『会社四季報業界地図2019年版』(東洋経済新報社)

たとえば、自分の上司が何歳で昇進を果たし、どのくらいの給与を得ているかご存知ですか？

久間　私の上司が課長になったのが40歳でした。それでも周りよりは早い出世と言われていましたが、次の昇進は少なくとも7年後ということでした。給与は1000万円にはまったく届いていないと聞いています。そんな話を聞くと、モヤモヤします。

永楽　もっと早く若いときに評価されたいという気持ちが強いようですね。サラリーマンは、出世しないと給与は上がりません。同時に裁量権も関係しますので、昇進することはとても大切な要素となります。でも、企業にも文化や歴史があり、年功序列を頑なに守っているところもまだまだ多く、いかに優秀な人材であろうと、**組織運営上の都合で順番待ち**、という会社は存在します。

久間　そこが面白くないのです。自分よりも仕事ができる人だったらいいですけど、明らかに効率の悪い働き方をしていて、向上心も感じられない先輩・上司が自分よりも多く給与をもらっていることに納得ができないのです。会社としても、そのような人材に権限を与えていると、部下や後輩のモチベーションも上がらず、良くないことだと思います。なぜ変われないのでしょうか？

永楽　それは、企業が組織化しているからです。組織化とは、簡単に言うと、誰がやっても同じ品質の仕事ができる状態です。その対極が、属人的になります。こちらは、一人の仕事量に頼り、会社や組織が運営されているという状態です。会社としては、組織化したほうが安定した運営ができますし、品質も一定以上を保てます。よって、経営者は、ある時期から組織化することを志向します。

一方、組織化した企業は安定しますが、成長が鈍化していきます。評価基準が実力主義から、年功序列へと変化し、人材管理を均一化しますが、同時に旧態依然とした変化のない組織へと変貌してしまいます。安定しても意思決定が遅くなっていく。今働いている会社は、いい意味でも悪い意味でも組織化されている、と言うことができるでしょう。

久間　組織を変えたいと企業に働きかけることは必要だと思うのですが、今のお話では、基本的には変わらない、ということでしょうか？

永楽　難しいでしょうね。多くの人で構成される組織で、一つでも変えることができれば、それは大きな効果があると思いますが、なかなか簡単にはいきません。

久間　こちらが良いと提案しても、なかなか具体的にならず、いつまで経っても変わらないことがもどかしいのです。先日も上司に掛け合ったのですが、**「組織も働く人も変えることはできない。それが嫌なら会社を辞めるしかないな」**と言われてしまいました。なんか、悲しくなります。

永楽　一生懸命組織のためを思っての提案を、簡単にあしらわれてしまうのは悲しい気持ちになりますね。ただ、残念ながらその上司が言っていることも正しいと思います。人も組織も、大きくなればなるほど変えることはほぼ不可能でしょう。

自分の思ったように改善できないようであれば、選択肢は2つです。

現状を受け入れて組織人として振る舞うか、辞めて自分の信じる道を進むか、です。

受け入れる場合は、**自分が背負った荷物を下ろす**気分に似ていると思います。下手に抗うよりは、流れに身を任せるということ。変わらない組織を変えようとすると、大きな抵抗を受けてしまいます。どうせ変わらないなら、その流れに身を任せてしまおう、ということです。

久間 自分も先輩・上司と同じ行動をする、ということですか。何かしっくりこないですが、考え方としては理解できます。それが嫌であれば、辞めるしかない、ということですね。やはり組織にいながら改善はできないものなのでしょうか?

永楽 できないことはないでしょう。しかし、それを実現するためには、一人の力では無理なので、まず力ある人の協力を得ることが必要となります。その人の威光をバックに、政治力を発揮して取り組むことができれば、改善できる余地はあるかもしれません。

久間 それでも解決できないことがあれば、「辞めるしかない」ということですね。

永楽 そうですね。自分の正しいと思う雇用環境のために、会社の就業規則を変えることは難しいと思います。給与が低いと思っても、業界や企業の事情で決まっていますから、自分だけ高い給与を求めるようなこともほぼ不可能でしょう。よって、**待遇を変えたいと思えば、待遇の良い場所に行くことが手早いと考えます。**

たとえば、金融と製造業の給与相場では、総じて金融業のほうが高い傾向にあります。また、医療介護や飲食など、いわゆる人がなかなか集まらない業界は、構造的にどうしても給与が低く抑えられています。社会では、**どの仕事を選んだかで、給与も決まる**のです。「自分は誰よりも働いている、給与が安すぎる、絶対おかしい！」と改善を考える行動も大切かもしれませんが、それよりも他の業界へ移ることのほうが効率はいいはずです。環境を変えることで自分が望む評価を得ることは何も悪いことではないし、業界相場という言葉がある通り、致し方ないことだと思います。

久間　やっぱりそうですか。環境を変えることが一番効率的なのですね。そう考えるとすれば、決断は早いほうがいいということですね？

永楽　その通りですね。転職マーケットでは**人の評価は他者が決める**ので、自分のスキルや経験が、「お金を払ってでも欲しいサービス」と思わせなければいけません。それは一朝一夕で覚えられるものではなく、長く取り組むことで得られる技量があっての話です。

今いる会社の給与相場など今後変わることがない待遇面での不満を持っているならば、決断は早いほうがいいと思います。

会社を辞めてまで取る価値のある資格はない

久間　決断は早いほうがいいと言っても、辞めてからの転職活動はダメ、でしたよね？　そうすると、働いていない状態の人や、フリーター、あとは資格試験を勉強している人や大学院へ通っている人なども評価されないということになりますか？

永楽　結論から言いますと、評価されません。まず一つひとつ検証していきますね。働いていない状態のうち、フリーターは厳しいですね。働いていると言っても、一貫性のない仕事をしている可能性が高いため、キャリアとは認められにくい傾向にあります。

さらに短期であること、仕事の責任範囲が狭いことなど、年齢相応の経験値を持つことができないでしょう。何か夢を持っていて、そのためにフリーターをしているのであれば、個人的には応援したいと思いますが、**求人企業からすると関係のない事情**となります。

久間　資格試験のために勉強をしている人も多いと思いますが、いかがでしょうか？

永楽　**会社を辞めてまで取得する価値のある資格はほぼない**と言っていいでしょう。資格試験に費やす時間があるならば、仕事の経験を積むことに時間を使うべきです。私は長く、法務人材のサポートをしていますが、司法浪人が転職マーケットでどのような扱いを受けているのかも数多く経験しています。

求職者が東大や早慶を出ていようが、30歳近くまで無職であった人を簡単に採用する企業はほぼありません。「私は法律のことは誰よりも勉強した！」と豪語する求職者がたまにいますが、それなりの企業の法務部門であれば面接官も司法試験経験者であることを忘れています。彼らは勉強をして、さらに経験も積んでいます。勝てるわけがないですよね？

久間　司法浪人生でもそのような状態なのですね。そうすると、その他資格を取得するために働いていない、と言われても、まったく求人企業には響かないということですね。それではMBAなどはいかがでしょうか？　こちらもあまり良い話を聞きませんが……。

永楽　MBAに関しては、どのような過程を経て取得しているのかが重要だと思います。3

年くらい働いてから1~2年ほど勉強した人であれば、十分訴求ポイントがあると思います。重要なことは、職歴があるのかどうか、です。

久間 一度職歴があれば、評価される可能性がある、ということですか。であれば、辞めてからの転職活動と変わらないと思うのですが、その点はいかがでしょうか?

永楽 これが第1章で言ったキャリアの目標の変化です。そのときの①絶対的キャリアに向かって進むタイプと②途中で目標が形成され、柔軟に変化していくタイプであれば、他者は評価することができますが、③目標を持たず、行き当たりばったりで人生を送るタイプでは難しいとお話ししましたね? MBA取得が就業時の課題を感じての行動であれば評価できるポイントができます。それが何となく辞めた、MBAくらい取っておけば価値が上がるだろう、ということでは、その評価ポイントがぼやけてくるのです。

加えれば、年齢も重要です。20代であれば、評価対象として大きいですが、30歳を超えると、評価ポイントとしてぼやけてきます。MBAは30代でも40代でも50代でも取得すべきと考える人がいますが、自分の経験に紐づけていることが第一となります。

久間　そうすると、ＭＢＡも転職に有利、という訳でもないということですか？

永楽　転職をするためにＭＢＡを取るわけではないと思います。自分の仕事をさらにブラッシュアップするために取得したいと切望するものだと思います。そこで**専門性がさらに尖って、希少性が上がれば、買い手は自然とつくはずです**。目的論の問題でしょう。

久間　それでは派遣スタッフはどう考えますか？　昨今、正社員促進ということで、派遣社員の働き方も変わってきていますが、企業としてはどのように考えているのでしょうか？

永楽　人手不足から正社員にして囲い込みたい、と考える企業はあります。ただ一方で、なぜ派遣スタッフとして雇っているのかも考慮する必要がありますね。これもフリーターと同じ発想で、若いスタッフであれば、正社員として登用したいですが、年齢を重ねると厳しいでしょう。

正社員と派遣社員にはさまざまな格差がありますから、正社員としての仕事ができる派遣スタッフであれば、若いうちに自分の身分を保証してくれる居場所を確保すべきでしょう。タイミングを逃せば、厳しい現実が待っています。

転職と独立開業、どっち？

久間　自分が望むような働き方ができない場合、やっぱり起業するしかないのでしょうか？

永楽　いきなり起業という言葉が出てきたのはなぜでしょうか？

久間　ええ、先ほどの上司との話の続きですが、**「自分の思う通りにやりたいと思えば、社長になるしかない」**とも言われたのです。そのときは極論を持ち出すなあ、と嫌悪感を持ったのですが、起業している人はやっぱりそんな気持ちで行動しているのかな、とふと思ったので質問してみました。

永楽　なるほど、**起業している人はつまり、組織人として不向きだから起業したのではないか？**　という仮説を立てたのですね。たしかに起業のきっかけの一つに、「起業することが夢だった」「社長になりたかった」という人がいます。

ただ起業と転職を比べた場合、明らかに起業して成功することのほうが難しいことを知るべきでしょう。**起業も転職も、あなたのサービスがお金を払ってでも欲しい、**と思わせなければいけません。

転職であれば、会社の看板を借りて何とかやっていけるでしょう。しかし、起業となると、まさにマーケットが自分に何を求めているのかを敏感に察知しなければいけません。とてもシビアに評価されるので、自分の価値を認めさせることはとても大変ですよ。

久間 今は簡単に起業ができるようになった、皆リスクを取って起業すべきだ、という意見をよく聞きますが、それは正しくないということですか?

永楽 起業が良くないとは言っていません。現に私も起業していますからね。ただ、**起業も転職も、今までやってきたことと同じことをする、もしくは似ていることをする、**が基本です。失敗している人の発想は、自分のやったことがない仕事で起業します、「やってきた」ではなく、「できると思います」「やりたいです」という人が多いということです。

「やりたい仕事」よりも「経験した仕事」に価値がある

久間 そこもちょっと納得できません。今までやってきたことがもう嫌なので会社を辞めるわけですよね？　だったら自分の好きなこと、やりたいことに取り組むべきだと思うのですが……。

永楽 これはとても重要なポイントなのでしっかりと考えてみましょう。たとえば次ページの図を見てほしいのですが、転職マーケットで評価されるのは、次のうち、何番になると思いますか？

①　経験した仕事で、かつその仕事をやりたい人
②　経験した仕事だけど、それはあまりやりたい仕事ではない人
③　経験はないが、やりたい仕事をしたい人
④　経験もないし、やりたくもない仕事をしている人

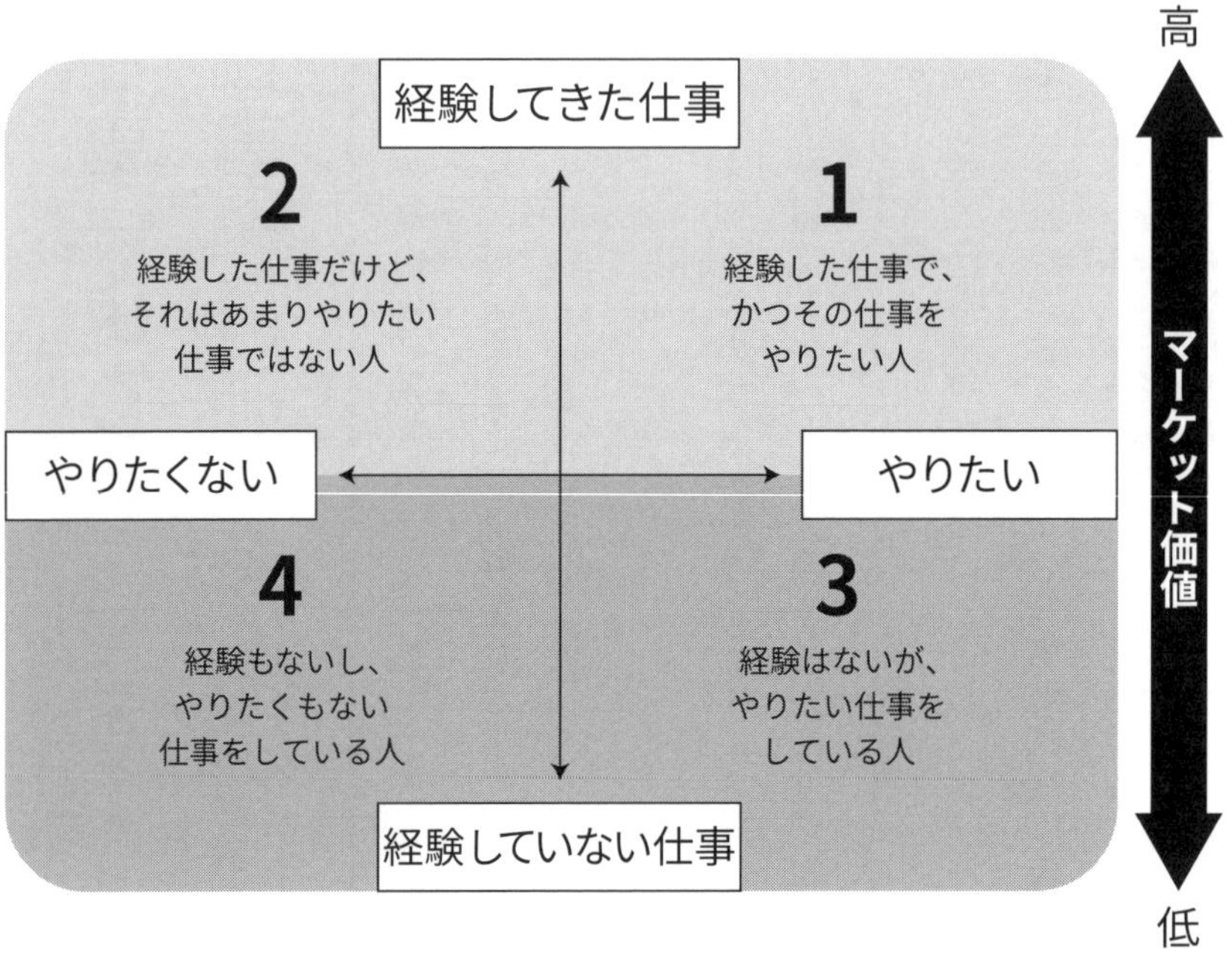
経験してきた仕事
2
経験した仕事だけど、
それはあまりやりたい
仕事ではない人
1
経験した仕事で、
かつその仕事を
やりたい人
やりたくない
やりたい
4
経験もないし、
やりたくもない
仕事をしている人
3
経験はないが、
やりたい仕事を
している人
経験していない仕事
高
マーケット価値
低

久間　この図で言えば、間違いなく①の評価は高いのではないでしょうか。今までやってきた実績もありますし、仕事にも前向きに取り組んでいる印象を持ちます。

永楽　そうですね、間違いないところですが、その他はいかがでしょうか？

久間　うーん、やっぱりやりたい仕事に取り組むべきだから、③も評価できるのではないでしょうか。何事もやる気は大切ですからね。

永楽　残念ながら違います。転職マーケットでは②が評価されます。マーケットは、その人が今まで取り組んだ仕事が好きとか嫌いとかは関係ありません。長く続けたことに価値を見出し、その点を評価します。ただ、おっしゃる通り、モチベーションは大切ですから、面接時にやる気をださないと、NGになる恐れはあります。

久間　③はやはり評価されないのでしょうか。好きな仕事に取り組むことができれば、困難も乗り越えられると思うのですが。

永楽　主観的に捉えれば、③は評価されるべきかもしれません。しかし未経験分野はマーケットとして評価できる基準がありません。③を追求するならば、今までの経験を捨て、ゼロから始めるという強い気持ちが必要です。当然経験がありませんから、給与などは要求できません。給与など関係ない、好きなことをやりたいんだ！　という強い意思を持つ必要があります。

久間　なるほど。今までと同じ条件では難しいけれども、可能性はあるということですね。でも給与を捨てる覚悟を持たなければいけない、とは、大きな決断になってきますね。

永楽　当然だと思います。基本は、自分が持つサービスを他者が評価するのか？　買ってくれるか？　という視点を持つことです。たとえば、10年くらい経理関連の仕事をしていた人が、営業をやりたかったと言っても、実績がないから一から積み上げていくことになります。転職マーケットは、経理が嫌いでも、しっかりと成果を出していれば、評価をしてくれるのです。

久間 それでは、同じ営業職でも違う業界に転職をしたときはいかがでしょうか？ 何かを売る、という意味では汎用性があるように感じますので、価値が下がらないと思うのですが。

永楽 いい質問ですね。たしかに、商品やサービスを売るという共通項はあるかもしれません。しかし誰に売るのか、という点での違いはあるでしょうね。

たとえば法人営業と顧客営業では、アプローチが変わってきます。組織的に動くのか、個人の力量で動くのか、という点でも変わってきます。一般的に、法人営業は30歳までが異業種への転職の目安と言われています。30歳を超えると、同業界での転職か、顧客営業の仕事になっていく傾向はあります。

久間 えー、それはなぜですか？ 顧客営業は評価が低い、ということでしょうか？

永楽 決して評価が低いというわけではないですが、チームプレーを重視するような法人営業の現場では、自分の色に染まってしまった人は扱いが難しいのでしょう。

私も26歳で顧客営業から法人営業へ転職をしましたが、採用後、素直さや柔軟性、チームプレーヤーなのかをチェックしたと聞きましたからね。中途採用の現場では多くの企業が同様の評価基準であると聞いています。

久間　ちなみに、永楽さんは人材のお仕事は好きですか？

永楽　私ですか？　あまり好きな仕事ではありません（笑）。ただ、自分には向いている仕事だと思って取り組んでいます。そして、この仕事が一番稼ぐことができるので、割り切って仕事をしています。

久間　そうすると、②のカテゴリーにいらっしゃるのですね。好きな仕事ではないけれども、長く続けていることに価値を見出しているということですね。

永楽　好きではないが、得意な仕事みたいです。職業適性は好きとか嫌いはあまり関係ないと思いますね。

転職で売れない人材を作り続ける日本企業

久間　そうすると、②で仕事をしている人がやりがいを求めて転職活動をする、というパターンが一番多そうに感じますが、その点はいかがでしょうか？

永楽　そうですね。特に30代、40代で転職活動をしてこなかった人は、このカテゴリーに入ってくる可能性が高いですね。会社や上司からいいように使われて、滅私奉公を強いられ、評価してもらえると考えていたところ、思うような評価を得られなかった人たち。好きでもない仕事を我慢して続けてきたのに、何も報われない。だから転職で人生を変えたい、という感じですね。

久間　ちょっとドキドキするようなパターンです。私のことを言われているような気がします。今の仕事を続けていても、面白くないし、給与も上がらない。将来性も感じないなら、他社へ活路を見出したい、そんな気持ちです。

永楽　転職の動機としては王道パターンだと思います。しかし、求人企業からすると、あまり聞きたくない話でもあります。後ろ向きの人よりも、前向きでポジティブ、ギラギラしている人のほうが印象良く映りますからね。この点のストーリー作りは大切な要素となります。

久間　でもそれが事実ですからね。そうなるとどのようなストーリー作りが必要になるのでしょうか？

永楽　自分が努力している様はアピールする必要があります。大きく言えば、現在取り組んでいる仕事でも十分会社から評価されているが、それだけでは自分が満足できない、さらに経験値を求めたいと考えている。

しかしながら、現職ではその環境がない、だから、他社へ機会を求めているという流れでしょうか。求人企業から、前向きで燃えている人、と評価される必要があります。

久間　現職では得られない機会ですか。たしかに改善や積極性を求めても、その仕事がなければ取り組むことができません。そのために自分の成長が止まってしまうと、焦ってしまいますね。

永楽 やりたいことが今いる環境では実現できないために行動していることは、求人企業からもわかりやすい理由です。

不幸な選択をしている人

久間 ちなみに④のカテゴリーで仕事をしている人はいるのでしょうか？

永楽 たくさんいますよ。たとえば、長年営業職をやっていた人がいたとします。その人が人事異動で未経験の人事部へ配属されました。本人は営業が好きでしたが、やりたくもないデスクワークや人材管理の仕事をしなければいけなくなりました。この人はやりたくない仕事でかつ、やったこともない仕事、つまり①から④に移った状態です。

久間 この人はこの場面に遭遇したとき、どのような行動を取るべきなのでしょうか？

永楽　転職マーケット的な見解で言うと、**すぐに営業職を求める行動を取るべき、**となります。求人企業は現在の仕事を評価する傾向にあります。配属後すぐであれば、営業としての評価となりますが、時間が経つと、**もはや人事担当での選考**となってしまいます。

久間　すぐ動いて営業を続けるのか、人事の仕事を受け入れて経験を積んでいくのか、ということですね。続けた場合は、④から②に上がっていく、というイメージですか？

永楽　そうですね。もし人事の仕事が面白い、と変われば、①になるかもしれません。ただ、転職マーケットで評価されるためには、ある程度の年数が必要となります。

久間　海外では専門性を追求するキャリアが大切とよく聞きますが、なぜ日本企業はこのような異動を行うのでしょうか？

永楽　定期的な人事異動を繰り返すことで、いろいろな職種を経験し、企業にとって有益な幹部候補を育てたいから、と言われています。一方その考えは、**「意図的に転職マーケット**

で売れない人を大量に生産し続けている」と考えることもできます。専門性が身についてしまうと、高待遇を求め転職する可能性が高くなりますからね。

久間　うーん、そうなると、**異動した段階で、自分の市場価値が低くなった、**という認識を持つと思うのですが、なぜこのような人事制度に対して異議を唱えたり、疑問に思ったりしないのでしょうか?

永楽　それは給与が下がらないため、大きい問題意識とならないからでしょう。通常、パフォーマンスが最も上げられる場所に人員を配置するほうが効率的で、労働生産性も上がるはずです。

よって異動したタイミングで給与も下がるはずですが、それがないため、従業員は簡単に異動を受け入れているのです。「今度異動で人事に配属になったんだよ〜。あまりやりたい仕事でないけど、まあ、仕方がないか」という感じですね。

久間　社員の専門性を伸ばさないようにしている、ということですね。

永楽　そうですよ。以前は日本企業も成長していたので、多くの人員が必要で、かつ、辞めてほしくないと考えていました。そのため、**能力の高い人材を育てるより、異動を繰り返し、平均的で従順な人材を育て、囲い込んでいました。**

そのほうが管理も楽でしたし、給与も画一的で済みます。従業員も自分の能力が高いという確証もないので、良い条件を求めて他社へ転職することもない。従業員も会社を頼る**「村社会人生」**を黙って受け入れた状況でした。

久間　そうなると、最近よく聞く40代のリストラというのは恐ろしいことですよね？　今の会社で居場所がない、でも、転職先もない、ということにもなりますから。

永楽　そうです。このような総合職で、定期異動のある人事制度を導入している会社は、リストラはやってはいけないと強く思います。**若い頃は安い給与で便利に使って専門性も身につけさせず、さあ、これからという段階で、辞めてください、**ということですからね。このような会社は、定年まで面倒を見るべきだといつも思います。

久間　でも会社は辞めてほしい、だからきっかけ作りとして、早期退職者には割増金を乗せるのですか？

永楽　そういうことです。ただ、そういった恵まれた条件で辞めることができる人は極一部。ほとんどが、会社の都合で雇用調整されてしまいます。それは、今の時代、どの企業でも顕在化しています。

久間　では、この会社は絶対潰れない、リストラをしない、という会社を教えてください！

永楽　そのような会社はない、と思ってください。**「絶対的企業」**と評価されていた会社は、一昔前はたくさんありました。私が就職活動をしていた1990年代半ば頃は、バブル崩壊直後でしたが、世界を牽引していた日本企業はとても多かった。

しかし今では多くの会社が潰れ、切り売りされ、買収されるなどいろいろなことが起こっています。社員を第一に考えることで有名だった松下電器産業（現パナソニック）も、2000年初頭に会社が生き残るため多くの子会社・関連会社を統合し、大鉈を振るうリストラを行いました。

このような現象は今もなお起こり続けています。過去に言われていた新卒入社から定年まで、というコースは、もう崩壊しているのです。

久間　ではどこの会社に就職しても、安定した道はないと思ったほうがいい、ということでしょうか？

永楽　そういうことです。ただ、今までが異常だった、と考えたほうがいいでしょう。世界的に見ても、**熟練した専門性の高い人材が評価を上げていきます。**信じられるのは己だけと考え、会社との関係を考える時代です。今は、**会社に入社することが目的ではなく、自分が専門とする仕事に就き、その実力を磨くことができる環境で働きつづけることを目的とすべき時代です。**

久間　終身雇用はもう難しい、ということでしょうか？

永楽　自分がそう願っていても、環境が許さないことが増えた、ということです。たとえもし、定年まで一つの会社に勤めることができたとしても、それが幸運とは限りません。平均寿命が延びているので、定年退職から年金受給年齢までの間、収入が途絶えることの対策も必要になります。
そして年金だけで生きていけるのかという次の課題が出てきます。**この会社に入社できたからゴール、という発想はなく、ハッピーリタイアも期待できません。**生涯現役時代が到来していると考えるべきでしょう。

久間　なるほど、ゴールが見えない人生、ということですね。あー、なんだか嫌になってきたなぁ。先行き不安すぎて、私はこの先、生きていけるのでしょうか？

永楽　不安を持つことは致し方ないですが、人生はゴールが見えないから面白いという考えもあります。計画された人生はつまらないし、実際、計画通りにいかないことばかりだと思います。
たとえば、5年前の自分が今の自分を想像できたか、というと、たぶんできていないでしょう。人生とはそういうものと受け入れ、先が見えない人生を楽しもう！　と思えばいいのではないでしょうか。発想を変えるだけで、随分楽になりますよ。

久間　先行き不安、だから人生は楽しい、か。まだピンとこないですが、真剣に考えてみます。

企業の成長ステージで欲しい人材は変わる

久間　転職に関するマインドについてはおおよそ理解できました。次に、では一体どのような企業が中途採用を行うのか教えてください。

永楽　そうですね、では左ページの図を見てほしいのですが、企業の成長ステージについて解説しているものになります。

成長期、安定期、没落期に分類しています。企業の組織運営の観点で考えますと、成長期は属人的であり、安定期は組織的であるという見方となります。

先ほども説明した通り、企業はある程度成長すると組織化を志向します。そして安定期は停滞期でもありますから、企業によっては没落期へと突入してしまいます。

この状態になると、閉塞感が漂い、従業員のモチベーションも停滞し、売上・利益ともに下降気味。社内は混乱しています。

企業の**成長ステージ**

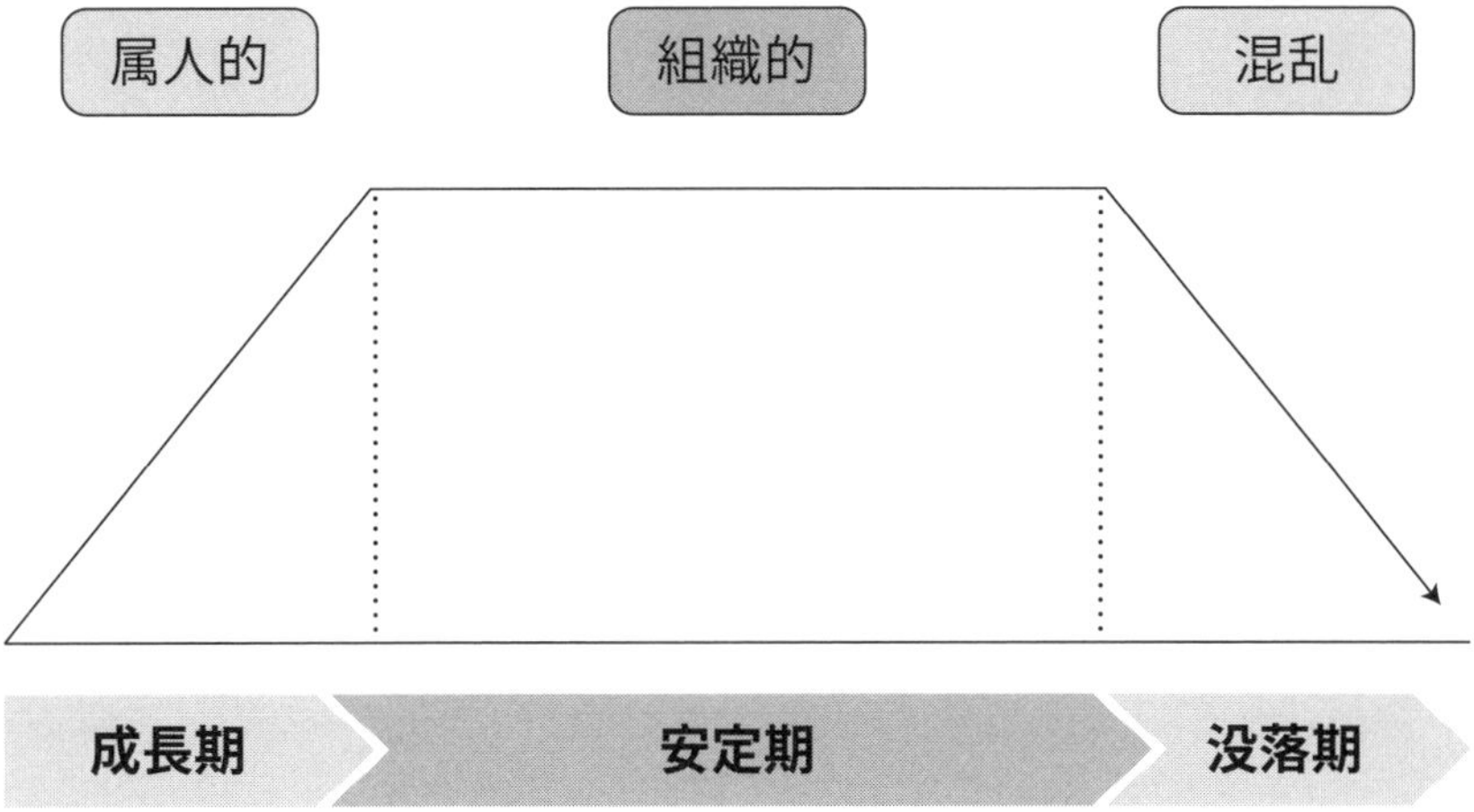

久間　このように図で見るとわかりやすいですね。先ほどの説明からすると、安定期にある企業は横ばいであるため、停滞感や閉塞感が漂う可能性があるということですね。

永楽　ここからが重要です。さて、この中で中途採用に積極的なカテゴリーはどこでしょうか？

久間　それは成長期の段階だと思います。成長するスピードに合わせて、人も必要になりますし、企業が大きくなれば人も足りなくなりますからね。

永楽　正解です。**企業が人を最も欲しがる時期は、成長しているときです**。よって成長する企業を探せば中途採用を積極的に行っている可能性は非常に高いということです。では成長している企業とは、どんなイメージを持たれていますか？

久間　思いつくのがベンチャー企業ですね。小規模から成長してどんどん人を増やしているといえば、真っ先に頭に思い浮かびます。

永楽　これも正解です。ベンチャー企業は中途採用マーケットのひとつです。新卒採用よりも中途採用を重視しているこの成長期のカテゴリーは、当然ながら即戦力を求めています。

久間　ということは、新卒採用をベンチャー企業が始めると、安定期に入った、ということになりますか？

永楽　そう考えてもいいと思います。新卒を採用する理由は、組織を安定化させたい、でしたよね？　中途採用で入社してくる人は、良くも悪くも属人的思考なので、企業が組織化を図るときに、ロイヤリティに欠ける、と判断されることがあります。

　これが新卒であれば、教育によって組織化するための中核人材を育てることができます。手間暇かけて若手を育成することは大変ですが、企業を安定飛行に乗せるために必要なステップと経営者は考えるようになります。

久間　そうなると、安定期に突入した企業は中途採用に積極的でない、ということですか？

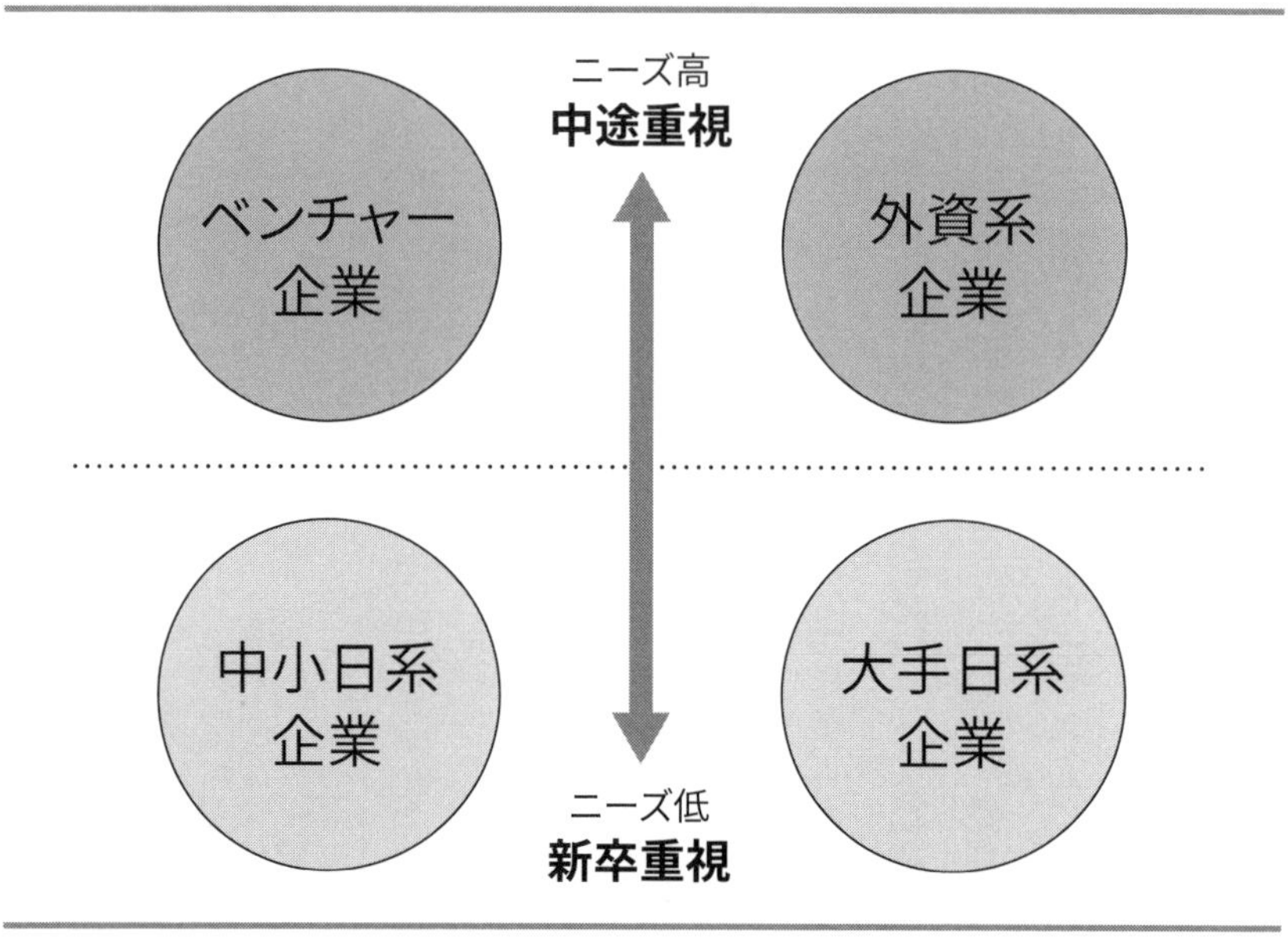

永楽　そうなりますね。組織化を志向するわけですから、今までよりもさらに安定した人員計画を練ろうとします。また、今までバラバラだった人材をある程度均一化したいと考えるようになります。

以前は実力主義で、給与もバラバラという状態を、組織化することによって基準を統一します。管理する立場から考えても、そのほうがいいですよね。

またこの時期から、人材採用の基準が学歴重視に変化していきます。大手有名企業にある、学歴フィルターというのは、品質を統一するための要件であると考えていいと思います。

久間　中途採用重視段階であれば、学歴が低

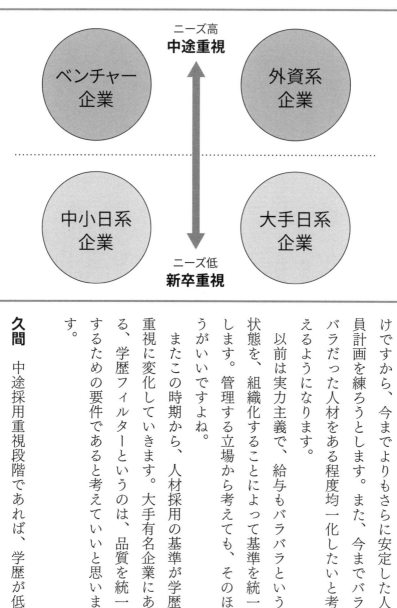

い人でも入社することができるけれども、成長して安定するとチャンスがなくなる、ということでしょうか。

永楽　そうなります。**組織化した企業は、離職率も低いため、椅子に限りがあります。**そのため、どうしても学歴が高い人を優先することになります。

久間　そうなると、自分が目指すべき会社を選別する作業も必要になりますね。有名企業であるとどうしても応募したくなりますが、入社すると裁量権も狭く、かつ、自分の役割を感じづらいこともあるでしょうしね。

永楽　組織化した会社というのはそういうものです。私も多くの企業をサポートしてきましたが、**ベンチャー企業が新卒、学歴重視に変貌する瞬間があります。**

成長過程の時期は、結果を出せる人材を優先していましたが、その時期が過ぎると、能力、特に学業に優れた人材を確保したくなるのです。採用人員が狭き門になると、企業も人材を選べるようになります。学業、スキルとも高い人材の応募者が確保できていれば、そちらのほうが堅いと考えます。

久間　すべての会社がこのステップを踏むのでしょうか？

永楽　そういうわけでもありません。このカテゴリーを目指さない組織も存在します。たとえばコンサルティング会社は、個人商店の集まる属人的組織と考えることができます。よって、組織化はあまり目指さず、コンサルタント一人ひとりの能力を大切にしています。

UP or OUTという言葉に象徴される通り、基本は組織を離れることを前提にしているため、中途採用は継続される傾向にあります。

久間　会社の方針にも影響されるのですね。それは外資系企業にも言えますか？

永楽　鋭いですね。**外資系企業の多くはスペシャリストを採用する傾向が強く、**そのため組織化しづらい傾向にもあります。インセンティブなどを重視した実力主義を採用しており、自分の専門性を磨きたいと思う人材が集まっています。

そのため、新卒を育てる暇も、つもりもないという会社が多く、その環境を知った上でチャレンジすべき、と考えています。人の入れ替えを前提としているので、外資系企業も中途採用のマーケットとして大きいです。

久間　ベンチャー企業と外資系企業が転職マーケットとして大きく、日系大手企業と中小企業の新卒を重視している企業は、転職マーケットとしては小さいということですね。

能力が高いのに落とされる人はパーソナリティが原因

久間　これらの特徴を踏まえて、仕事選びで大切なことは何でしょうか？

永楽　自分にマッチングした仕事をすることを心がけることです。ただ、そのマッチングとは何か？　という概念をしっかりと押さえておかなければいけません。左ページの図を見てください。職業適応性について説明したキャリア理論です。

久間　なんだか複雑ですね。どのように理解すれば良いのでしょうか？

永楽　これはドナルド・スーパーが職業適応性を図で視覚化し、仕事をどのような基準で選ぶべきなのかを知るために提唱したものです。

この図の意味を知れば、職務経歴書の重要性や、学歴と職歴以外の要素も非常に大切であ

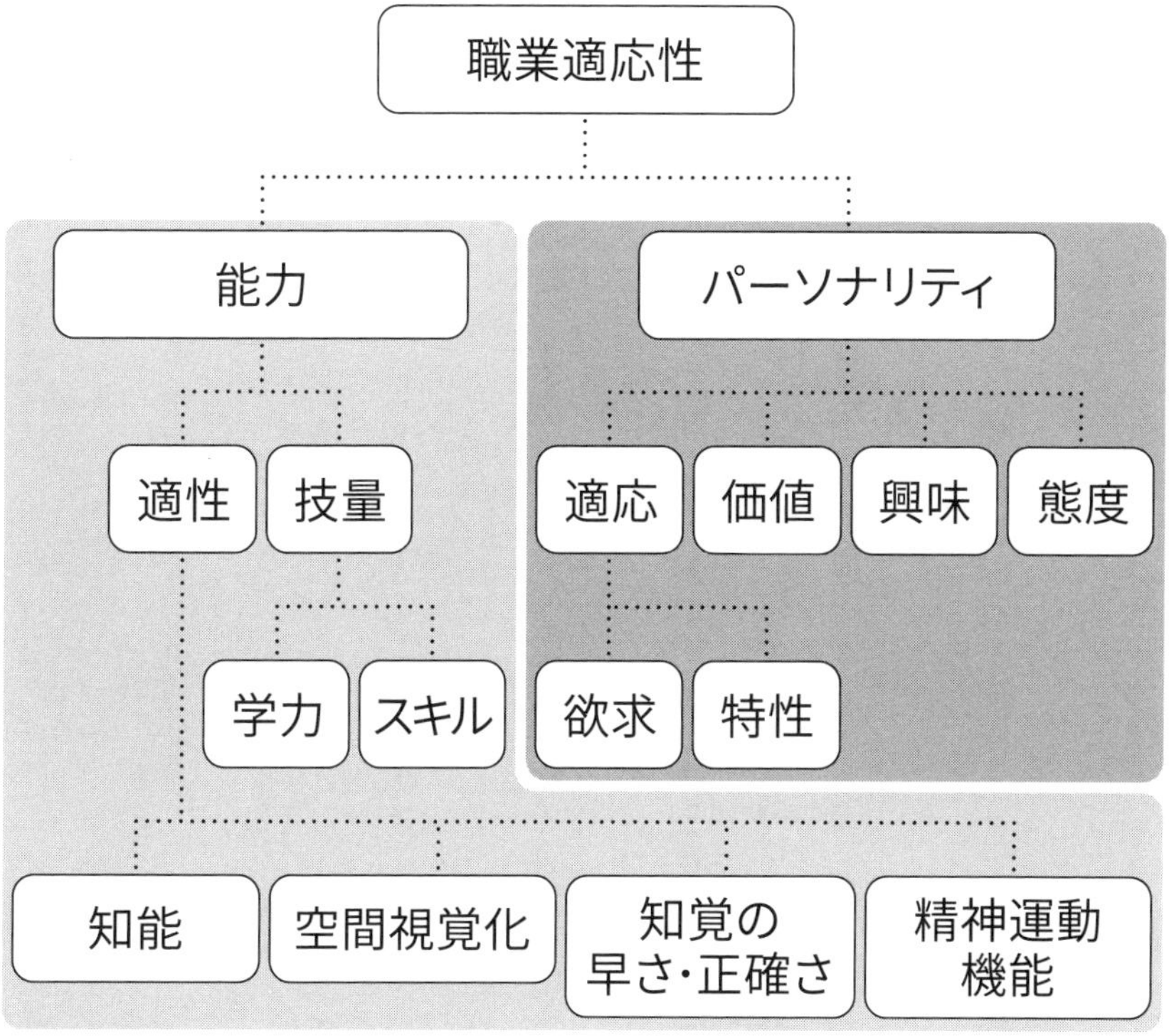

◆ 能力

〈適性〉「将来何ができるか」「達成されるであろう可能性」を示す概念
- **知能**　地頭のよさ、インテリジェンス
- **空間視覚化**　目に見えない情報を見える化する、など
- **知覚の早さ、正確さ**　仕事の早さなど
- **精神運動機能**　感情、集中力、気分、性格

〈技量〉 現在到達している状態、「現在何ができるのか」
技量が学業に現れれば「**学力**」、仕事に現れれば「**スキル**」となる

◆ パーソナリティ

〈適応能力〉　欲求、特性（そのものだけがもっている性質や能力）
〈価値観〉　自分にとって得るべくものがあると考えるか
〈興味〉　仕事に対する興味があるか
〈態度〉　社風に合うか、上司同僚と合うか

参考：木村周『キャリア・コンサルティング理論と実際』（雇用問題研究会）

ることが理解できます。

久間 どのように見れば良いのでしょうか？

永楽 求職者の職業適応性は、大きく能力とパーソナリティに分けることができ、そして能力は適性と技量に分けられる、と言っています。

久間 適性と技量ですか。なんだか言葉にすると硬くてよくわからないですね。

永楽 まず技量のほうから考えます。技量はその人が現在何ができるのか、を表しています。それが**学業に表れれば「学力」、仕事に表れれば「スキル」**となります。職務経歴書に書く内容は主に自分の技量について述べていると考えることができます。

久間 ここは書類選考に関わる箇所ですから、とても重要ですね。

永楽 **ここをしっかりと書けないと、スタートラインにすら立てません。**でも多くの求職者がこの作業を怠っています。書類選考が進まない、と言っている人のほとんどが、この作業を軽視しています。

一方、職務経歴書は一生懸命仕上げたけれども、いつも面接でNGになる人がいます。そのような方は、**技量がいいので評価されるべき、**と考える傾向にありますが、この図を見ると、それだけではダメであることがわかると思います。

久間　そうですね、書類だけ良くて、会ったらがっかり、ということをよく聞きますからね。書類が良くて、さらに人物が良い、ということが面接には必要ということですね。

永楽　次に適性についてですが、これは「将来何ができるのか」「達成されるであろう可能性」を示す概念と言われています。いわゆる成功期待感ですね。そのことから、技量はその人の過去を、適性は現在と将来を見ていると分類することができます。

久間　これで求職者の能力を測っている、ということですね。そうなると、もう一つのカテゴリー、パーソナリティも重要ですね。

永楽　だんだん見えてきましたね。いくら能力が高い人であっても、面接でNGという現象の多くは、パーソナリティが原因です。第一印象、面接時の会話の内容、興味度合いや適応能力、態度などなど、面接官が感じる印象で合否が決定されることも多いですよ。

久間　だから、学歴や経験、取得した資格などがあっても、落選するのですね。

永楽　結局、**「この人と一緒に働きたいかどうか？」**という物差しです。いくら優秀でも、組織の和を乱す人とは働きたくないですよね？　また、志望動機を聞いても話せない人からはやる気を感じることができません。

久間　いわゆる「社風に合わない」「オーバースペック」という落選理由は、実はパーソナリティが原因、ということですね。

永楽　多くのケースでそう考えるべきでしょう。もし中途採用が技量だけで判断されるなら、書類審査で合否を決めることができますが、ほとんどの企業はそれだけでは合格の判断はしません。**企業はなぜ面接をするのか？**　を考えてみるとわかりやすいと思います。

転職活動の3つの鉄則

久間　ここまで転職に対する考え方や転職マーケットについて、いろいろとお話を伺い、簡単に転職を考えてはいけないことが理解できました。一時の感情で行動してしまうと、大きな失敗を生んでしまい、取り返しのつかない状況になってしまうのですね。

永楽　その通りです。**会社はいつでも辞めることができますが、そのときに、都合よく自分が望む仕事が用意されているわけではありません**からね。転職マーケットの動きを捉えながら、自分自身が価値のある人材であることを証明しなければいけません。

久間　転職をする・しないにかかわらず、自分自身は常に転職マーケットに通用する人材であり続けることが大切ですね。

永楽　そのためには、3つの鉄則を守ることです。それは、「**自分を知る**」「**相手を知る**」、

そして「対策を練る」ことです。

「自分を知る」は、**自分＝○○な人、**と語れることです。それは自他ともに認められるものでなくてはなりません。

「相手を知る」は、自分が生きていく場所を確定し、その対象が何を求めているのかを知ることです。

「対策を練る」は、対象となる相手が求めている能力とパーソナリティを磨き続けていく努力です。

これは「孫子の兵法」でも言及されている基本姿勢です。簡単なようですが、意外と難しいことでもあります。

久間　転職活動は、「孫子の兵法」にも通じることなのですね。この考えがなければ、以前伺った「依存型」や「直感型」人間となってしまうので、しっかりとした対策を講じ、戦略性を兼ね備えた「計画型」の転職活動で考えていく必要がありますね。

転職活動の**3つの鉄則**

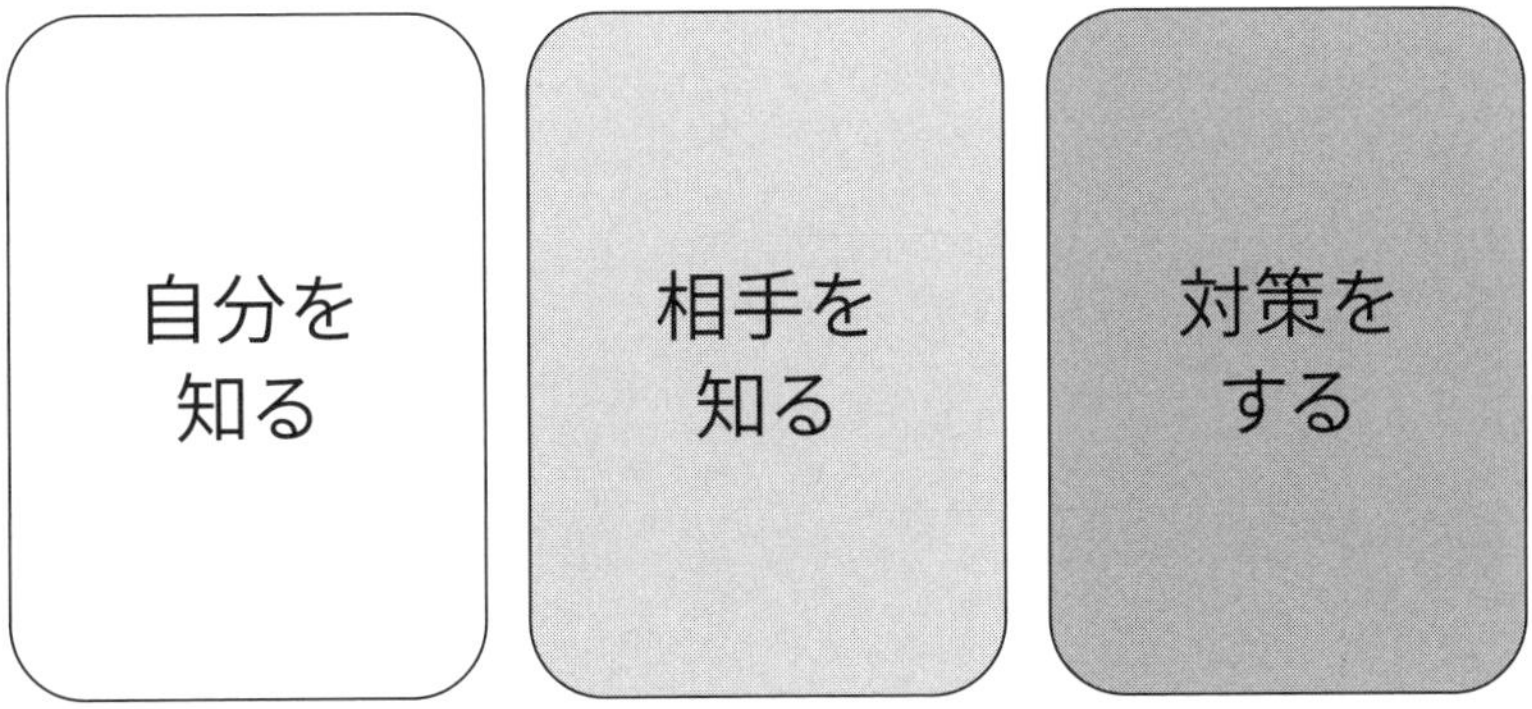

永楽　**転職活動は、いわば「戦場で戦う行為と同じ」**です。戦場に行くのですから、丸腰でなく、しっかりとした武器が必要です。

自分が持つ武器、それが一体何かを理解していないと簡単に討ち死にしてしまいます。

自分、そして家族の将来がかかっているので、**玉砕では困ります**。だからこそしっかりと準備する必要があります。

久間　対策なしで転職することは、戦場に丸腰で臨むようなもの、か。たしかに恐ろしい行為ですね。多くの人がキャリアダウンしてしまうことも納得です。

永楽　転職活動のサポートを長年やっていると、企業によって求めている人材が違うことがよくわかります。そのニーズを知らず、戦略もなく、ただオートマチックに応募する行為は、無謀と言わざるを得ません。転職が目的となる緊急避難的転職活動では、決して良い結果を得ることができないのです。

何にこだわりをもって転職をしたいのか、自分は何に貢献できるか、自分を採用するとどのくらいの利益を得られるのか、など相手にしっかり届くように訴えなければいけません。自分のことをしっかりと説明できないのに、相手が理解してくれるわけがありませんからね。

久間　まずは自分を知ることから始め、そして相手を知り、自分を売り込む対策をする、か。早速取り組みたいと思います！

3

「なぜ自分は転職するのか」を理解する

「落とすことが仕事」の面接官には期待をするな

久間　企業へ応募する際に必要な書類として、職務経歴書がありますが、重要なポイントは何でしょうか？　初回面談時に提出した職務経歴書は、あまりよくないという評価をいただきましたが……。

永楽　あのときの職務経歴書は、今まで自分の携わってきた仕事をただ羅列しているだけ、という印象でした。しかしそれでは、読み手の解釈によって評価が変わり、**自分自身が伝えたいメッセージが正しく伝わらない可能性があります**。

また、すべてのことを正直に書きすぎて、あまり対外的に評価されない資格の記述や、自分のやりたい仕事の強みでなく、他の強みが前面に出てしまうことがあります。「**これが今までの自分だから、ありのままの評価をしてほしい**」**と考えても、自分の望む結果が伴わなければ意味がない**と思います。

久間　今までの経歴を正直に伝えることはむしろ好感を持ってもらえると思いますが、そうではないのでしょうか？

永楽　それは、「相手の判断に委ねる」ということになりますよ。何も考えず、ありのままの自分を出して落選してしまっては意味がありません。落選すると誰しも悔しいものです。「あの会社は何もわかっていない」「自分を評価しないのはおかしい」と考えてしまうでしょう。

久間　たしかに自分のことを知ってほしい、そのくらいのことはわかるだろう、と考えてしまうかもしれません。でも、求職者の力量を求人企業が理解することも大切だと思います。自分たちが欲しい人材はどのような経歴かを推察する力も必要ではないでしょうか？

永楽　それを企業に要求するのは酷ですね。たしかに、面接する側も、しっかりとスクリーニングすべきだと思います。それができなければ、良い人材の確保は難しいですからね。ただ、それは**求人企業の課題であって、求職者の課題ではありません。**自分の課題のみに向き合うべきだと思いますよ。

久間　たしかにおっしゃる通りですが、どうも腑に落ちないですね。採用活動をしているならば、しっかりと選考してほしいものです。

永楽　正論ですが、それを企業に期待するよりは、自分の課題に向き合いましょう。これを**「課題の分離」**といいます。面接官のマインドは、多くの求職者から厳選して採用する、というものです。

それは、**「落とすことが仕事」**とも言えるのです。面接官は、一人ひとりの求職者のところまで降りてきてくれません。自分の目に留まった人のみを選考する、そのことを意識しましょう。

久間　相手に期待するよりも、自分自身を改善したほうが早い、ということですね。

永楽　そうです。相手を変える努力より、自分が変わる努力のほうが断然早いし、効果的ですからね。

「自分は○○の人」と語れるためのブランディング

久間 では職務経歴書はどのように考えれば良いのでしょうか?

永楽 まず、自分をどのような人物に見せたいか、という点が大切です。今までやってきたことを羅列するだけでは、ただのつまらない職務経歴書になってしまいます。

久間 やってきたことをただ書くだけではダメということですね。

永楽 たとえば、先日見せていただいた職務経歴書から、読み手が何を感じるのかを想像してみましょう。今までの経験を書いていますが、これで一体何を判断してほしいのか、考えてみましょう。

POINT

簡潔した内容を意識しているが、何を伝えたいか、どう見られたいか不明。戦略が見えない。

POINT

配属後のことと思われるが、キャリア全般の流れを考えると、あまり書く必要のない事項

POINT

仕事をカテゴリーに分けていない。ただやってきたことだけでなく、ビフォーアフターや数値、成果などが具体的に記載されるべき

POINT

職務経歴書には敢えて入れる必要はない。また、事実かもしれないが、他責傾向は印象が悪くなるからダメ!

POINT

職歴概略と合わせたほうがいい。意気込みはわかるが、形容詞が多く、主体的であるので、もう少し客観評価が得られるような表現が欲しい。

POINT

何か意図して記載したのかどうかが鍵。話を振られても上手く話が膨らませられなければ記載不要。

職務経歴書

2019年2月26日現在
氏名：久間　真司

■職務要約

半導体製造装置の国内担当として直接営業および新規ビジネスの立ち上げに参加いたしました。また、部品の仕入れから、生産管理、納期整理、出荷計画の作成など、商品製造から販売まで一貫して経験してまいりました。

■職務経歴

□2011年4月～現在　〇〇電機株式会社
◆事業内容：家電製品や部品製造、放送・無線通信設備製造、その他電子部品製造など

【国内営業業務】販売促進系部門所属：国内担当
職務内容
・上司と同行営業（営業および営業支援活動にOJT）
・販売代理店に対する営業支援活動
・新規商品の売り込み及び新機能説明会の開催
・見積書の作成、納期管理、出荷管理
・半導体製造装置の中古売買の仲介業務
・国内メーカーと中国メーカーへの半導体製造装置の中古売買を仲介する。
・市場調査、需要情報の収集
・生産計画作成
・発注業務
・各種法令対策、リスク管理

転職理由：
企業業績が下がり、希望が持てなくなったこと。給与が上がらないこと。

■自己PR

私は、しっかりと準備し、計画を立てて実行することが得意です。半導体製造装置の国内営業に従事する中で、多くの取引先、同僚、上司と円滑なコミュニケーションを取り、実績を上げて参りました。

■資格及びスキル

・MS（Word, Excel, PowerPoint）
・普通自動車第一種免許
・TOEIC 450
・小型船舶操縦士2級
・神社検定参級

久間　うーん、たしかに経験が簡単に書いてあるだけですね。経験を要約すればこのような感じになってしまうのですが、たしかに私がどのような人物なのか、仕事に対してどう取り組む人なのか、よくわかりませんね。

永楽　そこがポイントです。今までの経験を記載しても、その結果、どう評価されるのかまでは考えていなかったと思います。経験だけでなく、しっかり実績も書かないといけません。この書類では、面接官が掘り起こして質問を考えなければならず、結果、聞いてほしい質問がこない、という現象となる可能性が高くなります。職務経歴書の書き方の詳細は第5章で改めてお話ししますが、今の段階では、相手に自分を正しく理解してもらうことと押さえておいてください。

久間　わかりました。自分の経歴を正直に記載するだけではなく、自分をどのように見てほしいかを意識するのですね。

永楽　そのために、マーケティングとブランディングを意識してください。

マーケティング＝「自分から自分のイメージを相手に伝える努力」
ブランディング＝「相手に自分のイメージを持ってもらう努力」

職務経歴書を作成する際は、自分がマーケティング活動をし、同時にブランディング活動をしていると考えます。

久間　なるほど、そうすると職務経歴書は事実の羅列ということでなく、自分がどう見られたいか、という意識を出発点として創り上げるもの、ということになりますね。

永楽　そうです。**「ブランド力がある人」**というのは、学歴や有名企業で働いている、たくさん資格を持っていることだけでなく、それを踏襲した経験を有していることが大切です。そしてそれは経験と実績によって戦略的に上積みされるべきものです。

久間　戦略的とは、要するにどういうことでしょうか？

永楽　簡単に言えば、自分は〇〇の人、と短い言葉で語ることできて、周りからもそのよう

マーケティングとブランディング

マーケティング ▶ 自分から自分のイメージを
相手に伝える努力

マーケティング ▶ 相手に自分のイメージを
持ってもらう努力

に評価されることです。この○○にどの言葉が入るかが決まらない限り、自分を相手に理解してもらうことはできません。

そのために今まで取り組んできた仕事をとにかく拾い上げ、時系列でまとめる作業を徹底します。そして拾い上げたキャリアを見て、自分の過去から現在までの仕事について整理します。

久間　自分がやってきた仕事を、とにかくしっかりと拾い上げるのですね。それができると次はどうすればいいのですか？

永楽　そうすると、自分が取り組んできた職務分野、強みなどが見えてきます。直近携わった仕事の経験、成し遂げた実績が何かを知ることができます。また、過去に取り組んだキャリアから何を学んだのか、現職にどう活かしているのかも見えてくるはずです。

それを踏まえ、自分が取り組みたい仕事の求人票をチェックし、求められている経験とスキルを比較し、職務経歴書を作ります。そして、**もし求人応募できるだけの経験とスキルが足りないと判断すれば、今後取り組むべき自分の課題となります。**

久間　たとえば、英語力が不足していれば、英語力を上げる努力をする、経験が足りないとわかれば、その経験を積むため、貪欲に仕事に取り組む、ということでしょうか。

永楽　よく理解できていますね。ここまで来ると、仕事選びの基準がかなり見えてきたのではないでしょうか。

ライフラインシートで自分の人生を振り返る

久間　経験と実績、スキルなどを整理する場合、どのように取り組めば良いのでしょうか？

永楽　自分のことは自分が一番よく知っている、は間違いです。**自分のことは自分が一番わからない、**と思ってください。自分のキャリアを振り返る作業は実はとても難しいのです。

久間　自分のことは自分が一番わからない、か。わからないことを前提に考えるということでしょうか？

永楽　以前も言及しましたが、転職マーケットでは、人の評価は自分ではなく、他人がするものです。そのため、自分が自分をこういう人間だ、と考えていても、周りがそのように見ていないと望むような評価は得られません。

自分に自信を持つことは大切ですが、自分本位すぎると空回りしてしまいます。転職活動時に起こりがちなことは、自己評価と他者評価のギャップです。

自分は評価されるべき人材なのに、なぜか転職活動が上手くいかないことがあります。その現実に直面したとき、人はとても苦しみます。これは**世の中の全員から不要な人間と評価されたと**考えるくらい、つらいものです。

久間　自分に自信を持つことはいいことだけど、他者評価なしでは意味がない、自分の良さを察しろと言っても、他者に要求することは難しいという話でしたね。

永楽　その通りです。自分のことを知る作業なしには、他者評価は得られないと考えてください。たとえば次ページの図を見てください。

Aは経験、Cは自己概念、Bがその一致している大きさとなります。**自己概念は自分が自分をどう思っているのか、という自己評価のことです。**自分が思う自分と他者が思う自分が重なっているBの状態にするためには、まずは自分自身がどういった人間であるのかを知る必要があります。

自己概念は**後天的**（他者評価で形成）

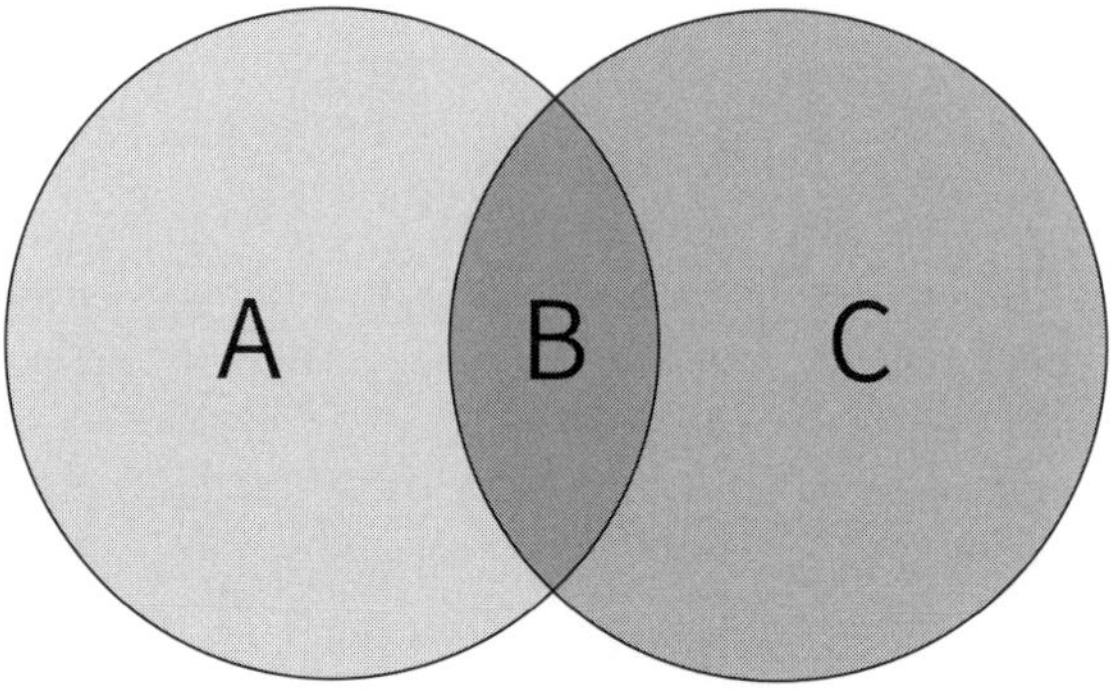

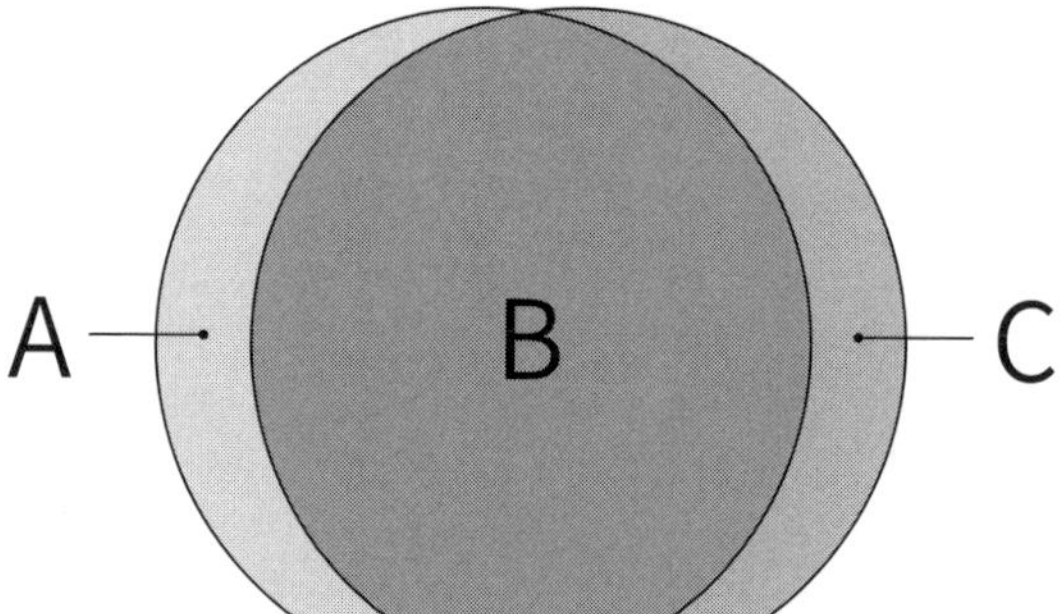

Aは**経験**、Cは**自己概念**

久間 自分はこのような人間だ、と自分のみが語るものでなく、自他ともに、同じような人物に見えることが大切ということですね。

永楽 ただし、相手に合わせてはダメです。自分が持つ良さ、自分らしさを大切にすることが大前提です。そのための作業をこれから行いましょう。自分のキャリアを掘り起こすときは「Life Line Sheet」を使います（141ページ参照）。この作業は比較的簡単にできますが、驚くほど自分のことを客観的に知ることができます。

この図には、時系列で過去から現在までのイベントを記載していきます。そして自分の中でプラスに作用した出来事、マイナスに作用した出来事をそれぞれ記載し、上下の波になるように作成していきます。この波が大きいと、人生における浮き沈みが大きい人と考えられ、小さいと安定している人と考えることができます。

久間 面白そうですね。この波をどのように記載するかは主観でいいのでしょうか？

永楽 そうです。まずは自分で感じたように書いてください。そして書いたイベントを線で結ぶと、自分の人生をビジュアルで簡単に知ることができます。

次に、その振り返った人生を人に語ってください。このときはどう考えて行動した、結果はこうだった、などいろいろと語ることができるはずです。そしてその話を相手に評価してもらうと、自分という人間がどのような人生を歩み、何を大切にしてきたのかが理解できます。

久間　自分のライフラインシートを他人に語るのですか。自分の人生を話すことにはとても抵抗がありますね。あまり知られたくないこともありますし。

永楽　大まかなイベントを押さえていれば大丈夫です。もし誰にも知られたくないことがあれば、それは無理に記載する必要はありません。あくまでもキャリアに紐づく人生のイベントを知る作業ですからね。

たとえば、143ページにライフラインシートのサンプルを用意しました。

久間　この方の人生は結構浮き沈みが激しいですね。成功と失敗の連続という印象を受けます。

Life Lineシート

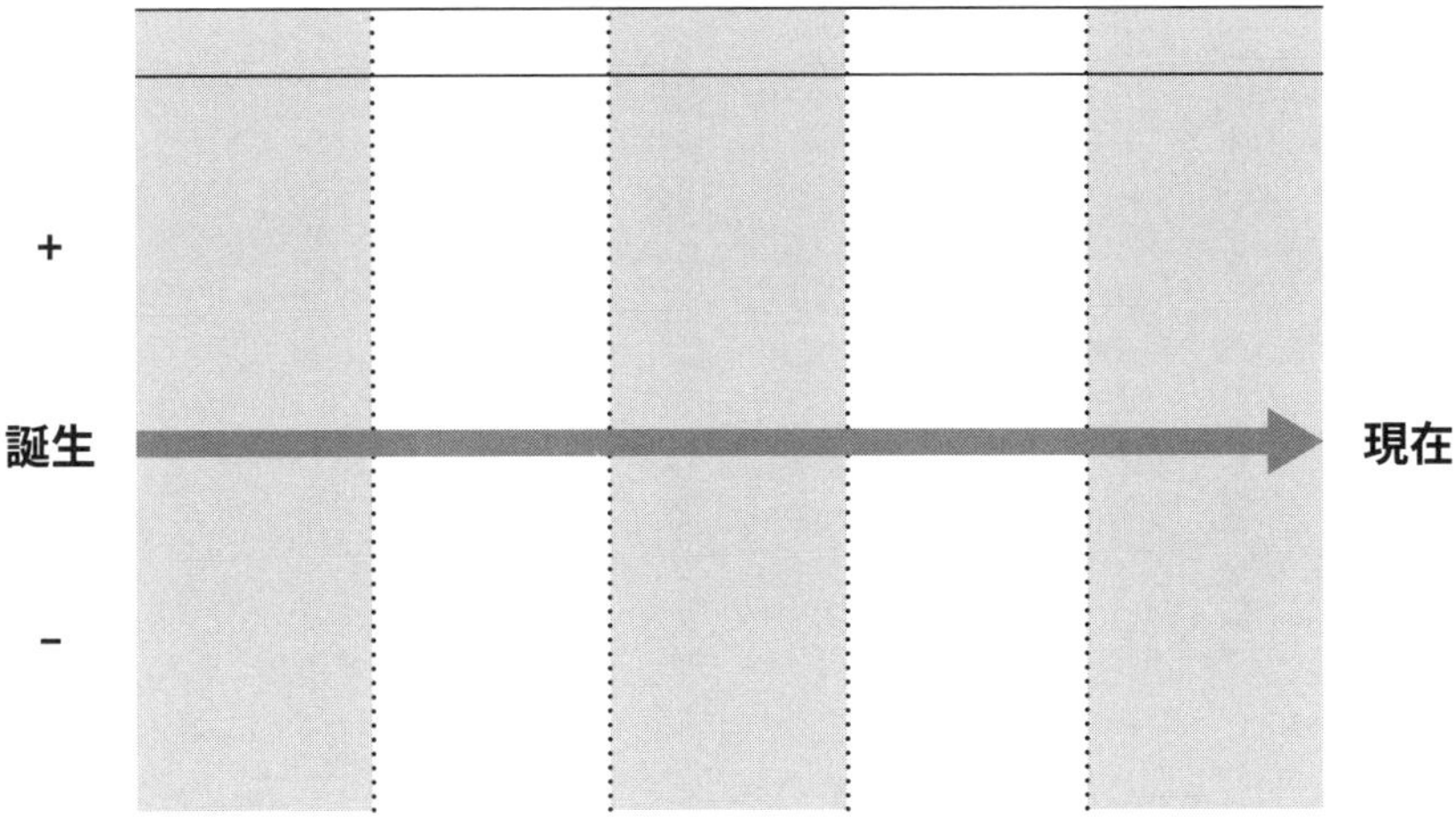

永楽　ちなみにこれは私の人生です（笑）。こうやって振り返ると、いろいろあったなぁ、と我ながら思いますね。

久間　それは大変失礼しました。この作業を行って、ご自身の人生をどのように評価されますか？

永楽　私にとって一番大切なことは家族の存在である、ということですね。子供が2人いますが、誕生したときの気持ちを超えるイベントはありませんから。

久間　新人賞やトップコンサルになったときよりも、お子様の誕生のほうが嬉しいイベントだったということですね。無職時代やリーマンショックでは気持ちが沈むことは理解できますが、起業したときも低いですね。

永楽　私は起業をしたくてしたわけではないですからね。リーマンショックに起因した社内の殺伐とした環境から脱出したかったことが一番の理由でした。

Life Lineシート

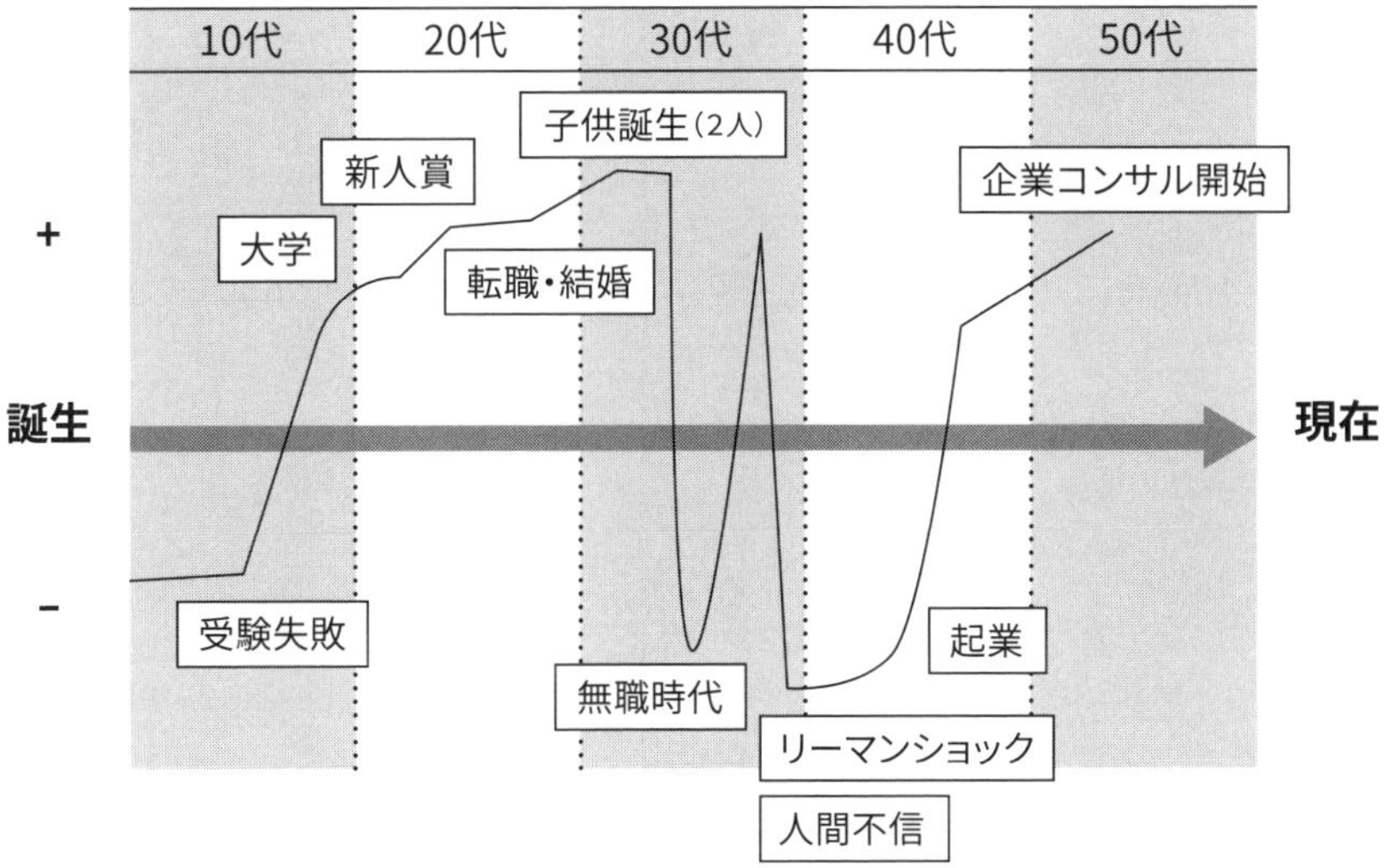

久間　このように人生のイベントをビジュアルで見ることができると、職務経歴書に反映できそうですね。

永楽　自分の人生を語り、聞き手の感想を聞くことは重要です。自分の人生を客観的に評価できるようになりますからね。

人生の転機を自覚しているか

久間　こうやってみると、人生の決断を感じる瞬間がありますね。なぜこのような行動を取ったのだろう、と単純に気になります。

永楽　これが**「人生の転機（トランジション）」**と呼ばれるものです。

この人生を反映したものを職務経歴書に起こすのですが、あのとき、どうしてこのような行動をしたのか、という点が見えてきます。それは同時に、求人企業からも興味を持たれる箇所でもあります。

書類選考でも面接でも、その人の現在を作ったトランジションがとても気になります。面接ではその人のキャリアストーリーを知るための質問をし、その回答如何でその人の印象が決まります。よって、**職務経歴書を作成するときも、自分のトランジションはどこだったかを把握しておかないといけない、**ということになります。

久間　こちらのLife Line Sheetによると、新人賞を取った会社から転職したとき、お子様が誕生した段階で会社を辞めたとき、起業したとき、あたりがトランジションを感じますね。1社目は、なぜ上手く行っている状況下で転職をしたのだろう、と興味を持ちました。

永楽　お前は幹部候補だからもったいない、と引き留められました。でも当時の私は、いくら成績を上げても自分と業界の成長に限界があると感じていました。新しい環境で、法人営業の経験を積みたい気持ちのほうが大きかったですね。

久間　そのときは未経験分野への転職だったと思いますが、待遇はいかがだったのでしょうか？

永楽　年収は大きく下がりましたよ。歩合制の仕事から、ノルマのない仕事に変わりましたからね。営業スタイルも変わりますから、当然の結果と思っていました。

久間　なるほど。そのようにお話を聞くと、理由もわかり、その人がどのような視点で仕事を選んでいるのかが見えてきますね。どのように考え、行動したのかを検証することでその人を知る。私が面接官であれば、この行動は納得できますね。

永楽　34歳で次を決めずに辞めたことは、今から思っても**大変無謀な行動**でした。家族にも心配かけましたし、自分の力も過信していました。

その無鉄砲な行動のため、多くの不安と苦労、そして屈辱を味わいました。私はこの経験から、**計画性のある賢い行動を求職者に推奨するようになりました。**

久間　ご自身の経験が、この人材のお仕事に活きているということですね。

永楽　求職者のトランジションに対し、面接官はストーリーを想像します。**そのストーリーと実際の決断が合致すれば印象が良く、合致しないときに違和感を覚えます。**

トランジションでの行動をしっかりと説明できなければいけません。Life Line Sheetを作成した後に誰かに説明する理由は、**その語りが自分のキャリア軸になるから**です。

久間 私も早速取り組みます。そして自分のトランジションを把握し、人生で何を大切にしてきたのかビジュアル化したいと思います。

キャリア形成には「積み上げた感」が大切

久間　お話を伺うと、単純に大手企業に転職できればすべて問題が解決するわけでないと感じてきました。大切なことは、自分が周りから評価される**セルフブランディングという考えを持つことですね。**

今までは会社から与えられる仕事さえこなしていれば良いと考えていましたが、そうではなさそうですね。今の「総合職」という働き方が恐ろしくなってきました。

永楽　総合職は、いろいろな職種を経験できるメリットはあるかもしれませんが、残念ながら転職マーケット目線で考えれば、訴求ポイントが小さくなってしまう傾向にあります。

キャリアは**「積み上げた感が必要」**なのです。自分にとって追求すべき専門性や、克服すべき課題について意識し行動していると、気持ちは安定するはずです。

久間　本当にそうだと思います。**ほとんどの日本のサラリーマンは自分＝会社**ですからね。

永楽　その道一筋、という考えがありますが、多くの日本のサラリーマンは会社一筋ですね。それよりも、仕事一筋、と考えれば、積み上げた感を得ることができると思います。

久間　就職よりも就社という考えが会社一筋ということですね。就社にこだわるばかりに、自分のキャリアを犠牲にしているのかもしれません。

永楽　日本は正社員という身分制度が確立していますからね。その身分を守るため、会社の命令には逆らえない。理不尽な異動や転勤は、それを物語っています。私が過去に在籍した会社は、家を建てた社員には転勤命令が出る、という慣習がありました。家を建てたから無理してでも働くだろう、という解釈でした。

久間　そうなると「社員は会社の家族」ではなく、「社員は会社の奴隷」ですね。「社畜」という言葉が頭をよぎりました。すごく悲しい気分になります。

永楽　少し前までは、定年まで企業が雇用を守ってくれて、定年退職後もすぐに年金が得られたので、「社畜」も受け入れることができました。しかし今はそんな時代ではなく、企業は都合よく人員整理をします。年金は支給年齢が上がっています。
しかも平均寿命が延びていて「100歳まで生きる」と言われています。そんな話を聞けば聞くほど、**人生への不安が大きくなってくる**のは自然なことです。

久間　たしかにそうですね、「逃げ切れない人生」という現実です。その現実を受け入れながらどう仕事に向き合っていくのかが今僕たちに問われていると思います。

永楽　久間さんたちどころか、我々の世代も同じです。人材コンサルタントをしていると、人の人生についていつも考えさせられますし、逃げられない課題がたくさんあると感じています。その多くの出会いや事例を通じて感じるのは、**上手くいく人は共通して専門性という強烈な「自分の武器」を持っていることです。**
その武器を持っていると、40代50代でも転職はできますし、その後のセカンドキャリアも上手くいくケースも多いです。独立起業することになっても、武器を持っている人は成功する確率が非常に高いのです。

キャリアの賞味期限切れ

久間 キャリアは「積み上げた感」が必要ということですが、それを怠るとどのような結果が待っているのでしょうか？

永楽 以前、若さだけが武器というお話をしましたが、評価されるポイントが少ないと、転職マーケットでのニーズがなくなってしまいます。これを**「キャリアの賞味期限が切れる」**と言います。

久間 キャリアの賞味期限ですか。何とも厳しい言葉ですが、実際そのように評価をされるとどうなるのでしょうか？

永楽 やはり就業機会が激減します。求人企業に応募しても、選考が進まない状態が続き、やがて自信をなくします。紹介会社に登録しても、紹介できる案件がない、という回答が続きます。

久間　就職活動で話題になる「フィルター」のことですね。

永楽　新卒時は、評価されるポイントが「学業」と「パーソナリティ」ですから、いわゆる「学歴フィルター」が問題になります。中途採用はそれに加え、さらにさまざまなフィルターが存在します。

久間　**中途採用は実力を評価されるので、学歴はあまり関係ない、**という話も聞きますが。

永楽　学歴は関係ない、ではなく、**学歴も関係する、**と考えたほうがいいと思います。「学業」だけでなく、「スキル」も評価対象となりますし、そこから推測できる「適性」も大切な要素です。そしてそれら「能力」と「パーソナリティ」を総合して選考するので、当然学歴も対象となります。

久間　学歴なんか関係ないです、と言う人材系のコンサルタントがいますが、それは正しい表現ではないということでしょうか。

企業が設定している**書類選考フィルター**

学歴	年齢	性別
転職回数	企業の格	資格
職務経歴	転職未経験	写真

永楽　何を選考プロセスで重視するのか、ということです。たとえば、ノルマのある営業職で売上をしっかりと取れる人は、選考対象は学歴でなく、実績重視になります。しかしそれは、学歴を重視しない仕事は限られる、ということでもあります。

久間　その他のフィルターは何がありますか？

永楽　この図を見てください。主な企業が設定している主なフィルターとなります。

　そこには年齢、性別、転職回数など、多岐にわたってきます。たとえば、年齢で考えると、25歳だったら許されるような経験値でも、

30歳になれば、要求が高くなる傾向があります。年齢相応以上の経験を積んでいないと、キャリアの賞味期限は早く切れてしまうのです。

久間　この中で、どの業界でも共通してフィルターに掛けられてしまうものは何でしょうか？

永楽　やはり**職務経歴**ですね。いくら学業において素晴らしくても、就業経験がないと厳しい判定を受けます。先日もお話しした、東大や早慶などの有名大学卒業者でも、30歳まで職歴がないと、やはり就職は厳しいですね。

久間　いくら学歴があっても、職歴がないと賞味期限切れが早くなる、ということですか。

永楽　そうです。その不利な状況を本人が理解しているかどうかがポイントです。就業経験がない人は、スキルもないので、学業とパーソナリティで勝負することになります。人生を取り戻すために必死にならなければ、誰もその人を評価してくれません。

自分は何に向いているのかを知るアセスメントツール

久間　総合職で働いていると、自分がやりたい仕事が何かわかりません。与えられた仕事をこなしていくしかないと感じてしまいます。

永楽　会社都合の配属は不本意でも、それも縁と考え、黙って受け入れるということですね。それも有りだと思いますが、結果が出せず、苦しい思いをしている人もまた多いでしょう。

久間　仕事が嫌になったら転職を考える、ではやはりダメですか？

永楽　ダメではないですよ。転職を考えるきっかけとしてはごく自然のことです。ただし、自分のやりたいこと・やりたくないことはしっかりと決めるべきです。

この方向性を決めていないと、**転職が目的化してしまい、また同じ悩みの繰り返しになっ**

てしまいます。転職で何を得たいか、という点はしっかりと考えておく必要があります。

久間　しかし、この仕事はやりたくない、という態度は、組織の和を乱します。社会人としてわがままな考えではないでしょうか？

永楽　仕事に順応する気持ちは大切ですが、そのために自分を殺し、嫌で向いていない仕事に取り組むことはつらいことです。そうならないため、自分の職業適性は理解しておく必要があります。

適性検査などに代表されるアセスメントツールを利用し、自分がどのような仕事に向いているのか確認することも有効です。

久間　適性検査は、採用する側がするものだと思っていましたが、事前に自分自身を知るために受検しておくことは有効かもしれませんね。たとえばどのような検査ツールがあるのでしょうか？

永楽　アセスメントツールには、フォーマルとインフォーマルがあります。

フォーマルアセスメント
〈種類〉性格検査、知能検査、職業適性検査、職業興味検査など
〈特徴〉特定の理論・モデルを元に開発されている。統計的に処理されている。信頼性・妥当性が証明されている。
〈主なもの〉Y-G性格検査、VPI職業興味検査、適職診断検査CPS-J、日本版MBTI、GATB厚生労働省編一般職業適性検査、内田クレペリン精神検査、新版レディネス検査、エゴグラム

インフォーマルアセスメント
〈種類〉ワークシート、カードソート、対話、グループワークなど
〈特徴〉手段と手法が厳密でなく、体系化されていない。手軽でアイスブレークなどの役割を果たす。コストがあまりかからない。

フォーマルアセスメントは、一般に心理検査と呼ばれ、形式・方法・様式・型などが整ったものです。標準テストとも呼ばれます。

一方、インフォーマルアセスメントは、割と自由に作られるもので、ワークシートなどに代表される、簡単な自己分析に使われます。

久間 そうすると、自分の適性を知るためには、フォーマルアセスメントでしっかりと分析する必要があるということですね。

永楽 そうです。また、フォーマルアセスメントには以下のような特徴があります。

・尺度が標準化されており、信頼性、妥当性が確保されている
・マニュアルに従うことで誰でも検査を実施することができる
・結果が数量化され、数値に基づいた評価を行うことができる
・実施者の主観が入りにくい

久間 このように客観的に自分の適性を知っておくことはとても大切ですね。世間体や親の期待を気にして、働きたくもない銀行に進んだ大学時代の友人がいましたが、とても苦しんでいました。

学歴があると、いろんな選択肢がありますが、選べるがゆえに、自分の適性に合わない選択をしてしまうという、残念な事例だったと思います。

永楽 過去面談した方でもいました。せっかく東大を出たのだから、都銀や総合商社に入らないといけない、という義務感ですね。その義務感は、親や周りの期待に対するものが多いですが、結果、それが職業適性のない仕事だったとき、とてもつらい思いをするのは自分自身です。

久間 フォーマルアセスメントの結果について何か懸念されることはありますか？

永楽 それでも、すべてにおいて完璧ではない、ということです。これを**フォーマルアセスメントの限界**、と言うのですが、主に3つ挙げることができます。

・フォーマルアセスメントだけではすべてを理解できないこと
・検査はそれぞれ年齢の適用範囲があるので、範囲外は検査が難しい
・受検時の体調などにより検査結果が変わる

面接ステップの中で適性検査が行われることがありますが、体調面について万全な状態で受検することを心がけてください。

4

企業はどんな人を本当は求めているのか

求人票から企業の選考基準を見抜く

久間　これまで応募前に自分を分析することについて教えていただきましたが、実際に応募対象となる企業については、どのように考えればよいのでしょうか？

永楽　自分の強みが見えてきたはずですから、あとはどの企業の案件に応募をするのか絞っていくことになります。前回も言及した、中途採用に積極的な企業群と新卒重視の企業群があることは覚えていますか？

久間　はい、覚えています。中途採用となると、やはりベンチャー系か、外資系が大きなマーケットになる、ということですね。

永楽　そうですね。これら企業は成長している、人が定着しない、社員に対する要求が高い、などさまざまな事情がありますので、その点を考慮して自分が取り組みたい仕事を選んでい

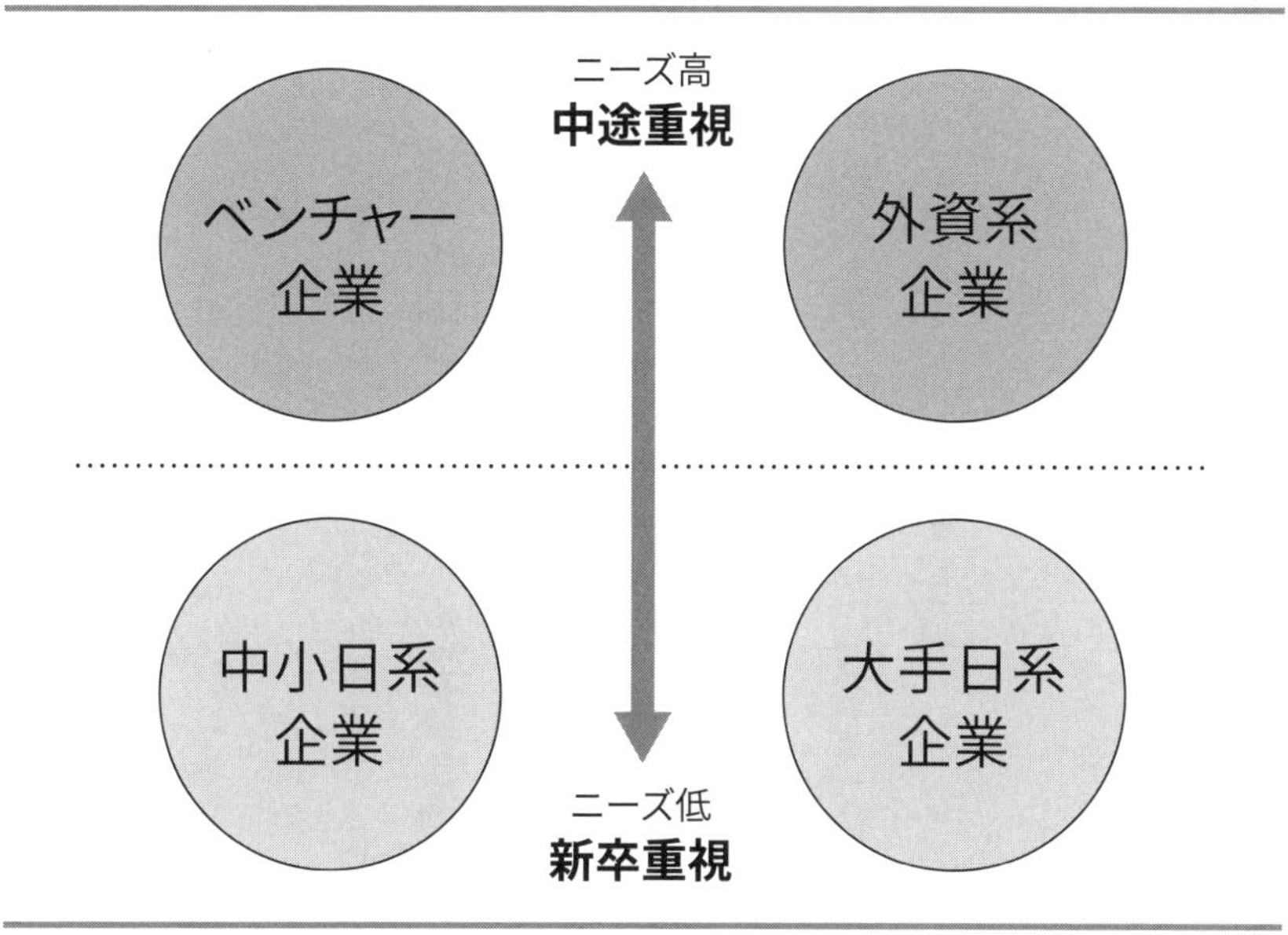

くことが必要になります。

久間　それでは中途採用はどのような基準で選考されるのでしょうか？

永楽　今までに求人票を見たことがあるでしょうか？　**基本的に求人票に記載されている内容が、企業が欲しい人材の要件です。**そこには大きく2つのカテゴリーで構成されています。

一つは、**今回募集される職種の仕事内容について、もう一つは求められる経験値やスキルについて**です。この2つに条件が合えば、**応募資格がある、**と解釈することができます。

たとえば、このような2つの求人票があります。こちらの企業は、かなり詳細に欲しい人材について記載されていますが、もう一方の企業は非常にざっくりとした募集要項になっています。どちらの企業のほうが応募しやすいと思いますか？

人事採用担当
・大学卒業以上　・上場企業での人事採用経験が3年程度
・新卒採用経験必須　・製造業出身者歓迎
・英語力（TOEIC700程度）　・論理的思考

総合職
・社会人経験1年以上　・大学卒業以上
・明るく前向きな人　・コミュニケーション力が高い
・入社後、適性を見て配属

久間　うーん、細かく書いてある企業は、応募要件が厳しいイメージですね。要求が多いので、厳選して壁が高そうです。もう一方のざっくりした求人票は、社会人経験1年以上ですから、ハードルは低そうですね。ざっくりした求人票のほうが可能性を感じますので、こちらのほうが応募しやすいと思います。

永楽 たしかに応募要件が緩いと、間口が広く、応募対象に該当しやすいので、チャンスは広いと解釈できます。しかし一方で一体どんな人が欲しいのかが明確でないと感じませんか？ 広く応募を募る、と言えば聞こえはいいですが、どのような人が対象なのかが見えないと、応募しにくいと思います。

久間 たしかにそうですね。一体どのような人がマッチングするのか、どのような人に応募してほしいのかが見えにくいですね。それは求職者からすると、何を求められるのかがわからないので怖いことですね。

永楽 今まで講義を聞いて、だんだんと理解が深まってきましたね。判断基準が見えない案件は、実は落とされやすい案件とも言えます。

採用の現場でよくあるのですが、応募要件を満たしているのに応募した後、この人は経験が足りない、転職回数が多い、求めている人物ではない、何か違うなど、いろいろと難癖をつけて、平気で落とされることがあります。ひどい場合は面接官個々の欲しい人材が決まっておらず、選考基準が曖昧なこともあります。**「船頭多くして船山に登る」**です。そのような企業に応募しても、結果は得にくいですし、仮に入社となっても、考えていた仕事ではないなどの弊害も出てくる可能性があります。

久間　なるほど、企業が門戸を広く開けているというのは、誰を採りたいのかも決まっていない可能性があるということですね。そうすると、面接で手応えがあっても、落選してしまうこともありますか？

永楽　ありますよ。このような企業はいつも**「いい人が来ないから、応募しやすいよう基準を緩めている」**と言っています。でも実際は高い選考基準を設け、妥協はしたくないとも言っているのです。採用したくない人を面接しても結果は変わりません。

応募者数を求めるような採用活動をしている企業はとても多いのですが、対象者を絞らない限り、いつまで経っても採用などできるはずがありません。

久間　たしかにその通りですね。でもなんだか自分のことを言われているようで、耳が痛いですね。求人企業も求職者も、**しっかりと的を絞らないと、何がいいのか、悪いのかの判断**

すらできないですよね。

永楽　そういうことです。そのために前回の自分を知る作業が必要になるのです。その上で、求人票に書いてある内容をチェックし、仕事の応募要件に自分が該当しているのかを知ることがポイントになります。

ゆるい条件ほど選考基準は厳しく、厳しい条件は融通が利く

久間　応募要件が細かく記載されている案件はいかがでしょうか？　細かく記載されているので、一つでも外してしまうと書類通過は難しいと思うのですが。

永楽　管理系や技術者、専門職の採用は、特に書類選考は厳しくなる傾向がありますが、応募要件をある程度満たしていれば、実は通過する可能性があります。

久間　え？　それはどういうことでしょうか？　要件を満たしていなければ、非該当者として落選すると思うのですが。

永楽　基本はそう考えてください。ただ、応募要件が必ず絶対要件なのか、という点は意外と緩やかでもあるのです。たとえば、企業法務経験5年以上、とある案件に対し、4年の人は絶対NGかというとそうではありません。年数はあくまでも目安で、同社が求めている経験値をクリアしていれば、1年や2年の不足などはあまり関係ありません。

久間　うーん、ちょっとわからなくなりました。**ゆるい求人票は実は選考基準が厳しく、細かい求人票は意外と融通が利く選考基準、**ということですか？

永楽　そうです。これは、**的が絞れているかどうか**の違いです。この図を見てください。求人企業がどのような人材を求めているのかを表したものです。絞った状態から広げていく考えと、ざっくりとした考えから絞っていくものですが、条件を絞ってから要件を緩和したときは、中心が決まっているので、ある程度の融通は利くということです。

たとえば、ワイン好きな人にプレゼントをするため、どんなワインが好きか？　と質問します。赤ワインが好きだ、という回答と、フランスのボルドーワインが好きだ、という回答があったとき、後者のほうが希望に近いプレゼントができるはずです。的が絞れていない求

強みを**作り、広げていく**

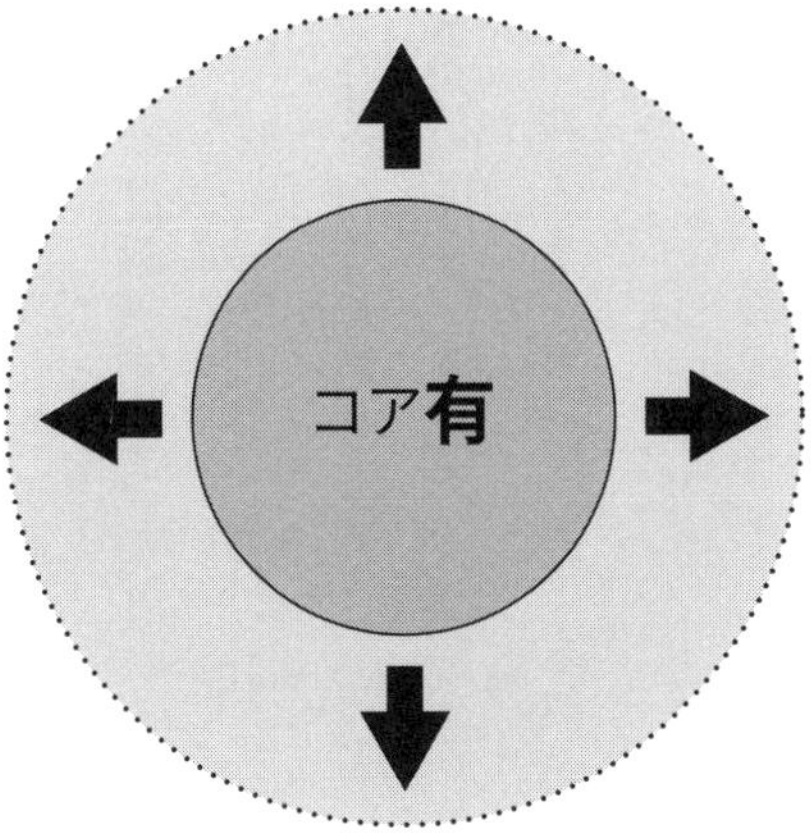

ざっくりして強みが**見えない**

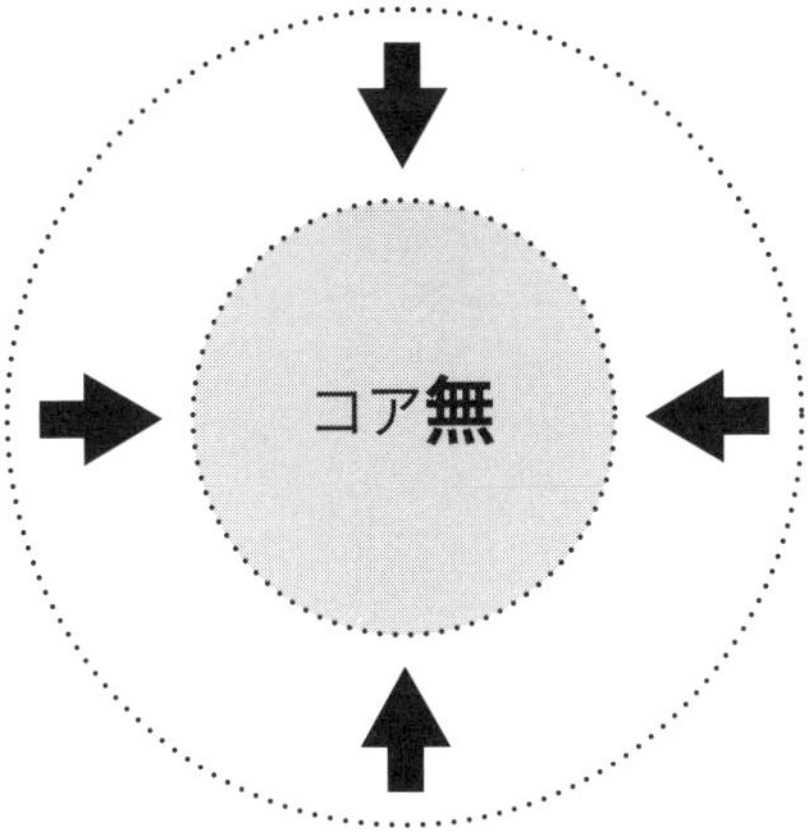

人企業は、「赤ワインだったら何でもいい」と言いつつも、「チリワインか〜、フランスのボルドーが好きなんだけどなぁ」と言うのです。

久間　たしかにそうですね。だったら最初からボルドーの赤ワインが好き、って言ってくれよと思いますね。求人票もこのような経験を持つ人が欲しい、と決めておけば、若干合わない箇所があっても許容範囲であるという判断がつくということですね。

永楽　ボルドーではないですが、こちらのフランスワインもいいですよ、という感じですね。同じように求人企業も、職業適性があると考えれば、若干要件を満たしていなくても、選考対象と考えてくれるケースはとても多いのです。

久間　それでも期待しすぎず、ダメ元で、という気持ちも必要でしょうね。でも、希望が持てて良かったです。

転職活動の武器となる自己効力感

永楽　求人票に記載されている条件を満たしていても、落選することもあります。これは特別に採用担当者から聞き出すことができなければ、落選理由はわかりません。求人企業の個別理由ですから、そういう会社は縁がなかったと切り替えてください。

久間　なんか、好き嫌いみたいで嫌ですね。**努力は必ず報われる、**という言葉がありますが、諦めず継続してチャレンジし続けることが大切ではないのでしょうか？　私は今までの人生でこの言葉を拠り所にしていたのですが。

永楽　**努力や実力が正当に認められないから社会は複雑なのです**。努力すれば報われるのは大学受験や資格取得のときくらい。それ以外は関係者の思惑や運とタイミング、そして人の縁などさまざまな要素が複雑に交わっています。

今まで結果を出し続けてきた人が、社会に出て挫折する原因のひとつに、**自分が評価され**

ない壁にぶつかる、というものがありますからね。

久間　学生時代までは、成績などで結果がはっきりわかりましたが、社会人になると結果を出しても、上司から必ず評価されるとは限りませんよね。それどころか、逆に人間関係などの影響で悪い評価をされることすらあります。

永楽　そのような話はどこの企業でもあります。余談ですが、資格取得をライフワークとしている人がいますが、**それも正当に評価されたい、という意志の表れ**と言われています。**「自己効力感」**という考えがありますが、それを満足させるものの一つに、**成功体験**が関係します。自分の努力が報われる瞬間、人は自己効力感が向上すると言われていますが、資格取得で満たしていると思います。

久間　自分を正当に評価してもらうために資格取得をする考え方は正しいと思うのですが。

永楽　会社で実力通りの評価をされないと、とてもモヤモヤして嫌な感じですが、自分の評価を上げるためだけに資格マニアになってしまうと、自分のキャリアを負の方向へ導いてしまうので気をつける必要があります。

資格取得で書類選考率が上がるかもしれませんが、そうでないかもしれません。よって、たとえ落選してもその企業の事情と考え、あまりくよくよしないことが大切です。

久間　わかりました。自分の体も一つ。だから入れる会社も一つです。**意中の企業1社から内定を得るための努力をしていきたいと思います。**

キャリアの自己効力感

久間　先ほどお話しいただいた「自己効力感」について、もう少し詳しく教えてください。

永楽　これはバンデューラによって提唱された概念で、**自分がある行動についてしっかりとやれる、という自信**（**効力感**）**のこと**です。そして自己効力感のうち、進学・就職、職業、趣味、余暇などの生き方や働き方についての自己効力感を**「キャリアの自己効力感」**と言います（参考：労働政策研究・研修機構）。

久間　人生の転機を考えたとき、この自己効力感は大切だと思います。自己効力感の高い人はどのような特徴があるのでしょうか？

永楽　転職や就職などに良いという結果が出ていますね。特徴は①粘り強く努力して多少の困難に直面した際も耐えることができる、②自分の能力を上手く活用してより一層の努力を重ねることができる、です。キャリアを充実させる上で、重要な特性です。

久間　自己効力感を高めるためにはどのようなことをすればいいのでしょうか？

永楽　この図を見てください。バンデューラは４つの情報源から形成されると言っています。

①　遂行行動の達成──自分の力でやり遂げた経験
例）大きな仕事を任され、結果を残した、与えられたノルマを達成したなど

②　言語的説得──どのようなことで周囲から認められたか？
例）周りから頼りにされる、親や上司から褒められるなど

③　代理的経験──直接体験でなくても他者を見聞きして学ぶ。モデリング

バンデューラの理論

自己効力感

自分がある行動について、
しっかりとやれるという自信（効力感）のこと

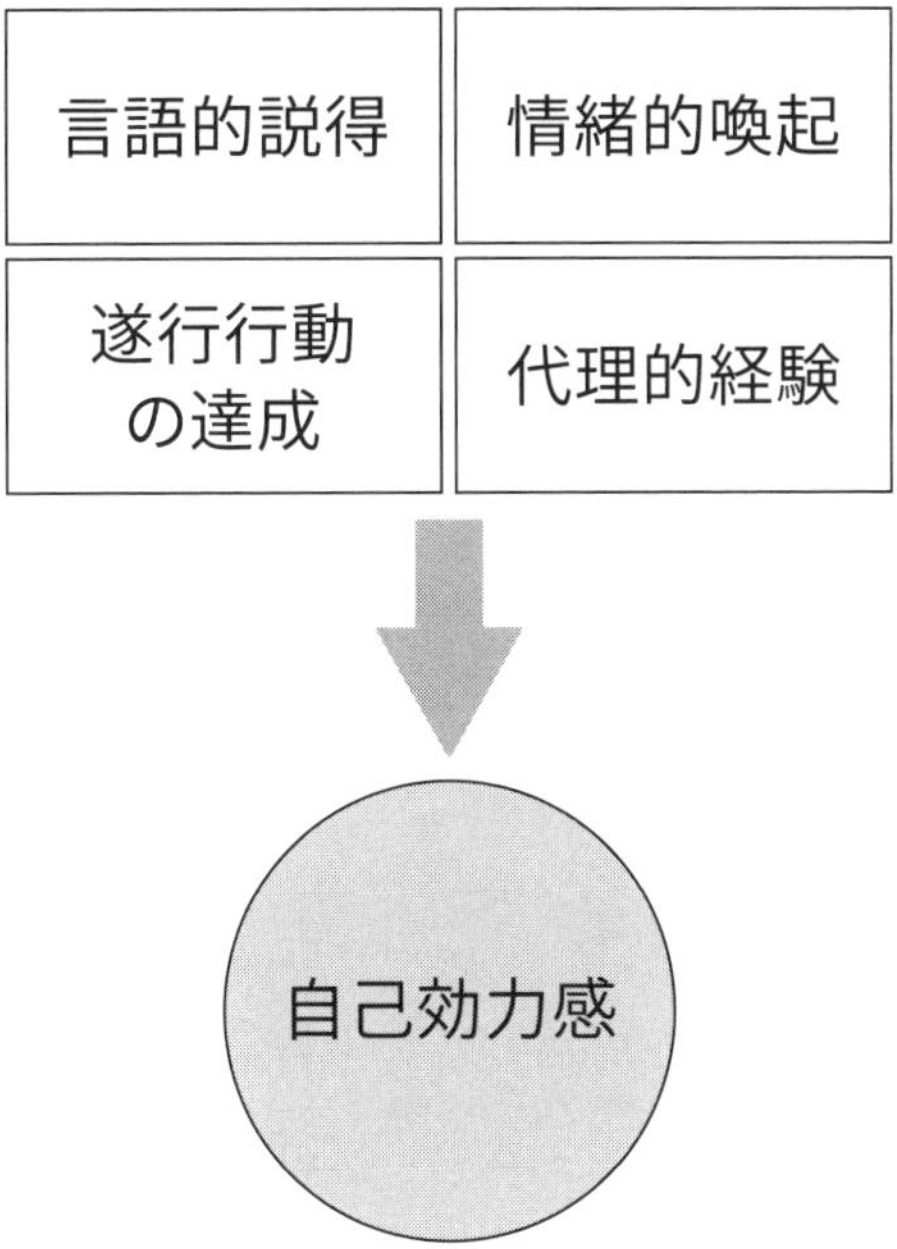

自己効力感が低い人
▼
「どうせろくな仕事ができない」「自分は大して技量がない」

例）部下が実績を出したことが嬉しい、他人の失敗を教訓とするなど

④ 情動的喚起—冷や汗をかくようなドキドキした仕事・場面を経験

例）資金調達を何とか実現する、最後の1日で売上ノルマを達成したなど

これらを知ることによって、自分自身のキャリア選択の基になっている自己効力感を理解することができます。面接時においても、これらの事項を確認される場面が多くあります。たとえば、成功体験、失敗体験について質問を受けたときは、この自己効力感の有無について確認されていると考えることができます。

久間　なるほど。自己効力感が高い人なのか、低い人なのか、面接官は求職者を判断しているということですね。そうすると同時に求職者側も、企業選びの中で自己効力感を得られる職場かどうか、という判断軸は持つことができますね。

永楽　その通りですね。企業選択のひとつに、**上司となる面接官と一緒に働きたいか**、というものがあります。いくら会社が大きくて、仕事内容に魅力を感じたとしても、一緒に働く人が自分に合わないと感じれば、その会社を辞退する、という判断もできるでしょう。

大手企業は「いい人がいれば採用します」

久間 多くの企業が求人を出していますが、やはり大手企業に目が行ってしまいます。大手であれば安定しているし、給与や福利厚生もしっかりしていますから、安心感がありますよね。今までいろいろと伺ってきましたが、やはり中途採用でもそのような大手企業に入社したほうが安心です。

永楽 企業選びの価値観は、突き詰めれば人それぞれと思います。大手企業は安定しており、就業規則もしっかりと作られています。法令遵守の精神も高いので、安心して働く環境が整っていると思います。

しかし、仕事が画一的でセクショナリズム、自分の権限も狭く、面白くない、人間関係も複雑、会社の命令には逆らえないという意見もあります。それこそ、自分が何を大切にして仕事を選んでいるかが重要になってくると思います。

久間　大手企業は新卒重視でほとんどが年功序列制度を導入していますから、中途採用にとっては不利でしたよね？　でも最近では企業の採用ページに、多くの職種が募集されています。これはどう考えればいいのでしょうか？

永楽　まず中途採用の動機には大きく2つの理由があります。**一つは増員、もう一つは補充。**大手企業では、ほとんどが増員での募集で、スタッフレベルが中心の採用です。スタッフを欲していると考えるのが筋ですが、緊急度が高いか低いかの判断はあると思います。

久間　え？　それは一体どういう意味でしょうか？　中途採用は、人員が不足しているから募集を掛けているのではないのですか？

永楽　大手の場合、必ずしも今すぐに欲しい、という姿勢ではないケースがあります。基本は組織化できているので現状人員でも何とかやっていけます。よって中途募集は、**いい人がいれば採用しますよ、**という考えなのです。

急いでいませんから選考基準が曖昧で、今いるスタッフよりも、優秀な人材が欲しい、というざっくりとした考えしかない場合があります。

久間 先ほどの、ざっくりとした求人票のことですね。

永楽 そうです。そのため、大手企業への転職の難易度は高いのです。以前、ある大手総合商社の法務案件を担当したとき、人事担当者から「この案件を2年前から募集を掛けていますが、**いまだ一人も面接に至っていません**。書類選考ではそれなりの人が上がってくるのですが、どうしても周りと比べてずば抜けたものがないと面接はできないですよ」と説明をされたことがあります。

久間 大手商社ですから、選考基準が厳しいというのは致し方ないのではないでしょうか。

永楽 新卒重視で、いい人がいれば採用したい、という会社は、的が絞れていないので、得てして選考基準が厳しいという典型例です。そのため、大手企業を受ける人は、書類選考が必要以上に厳しいことを覚悟しておくべきです。

久間 たしかにそうですね。求める人物像の理想が高いと、いつまで経っても採用なんかできないですよね。

永楽　このような企業は大手ではたくさんあります。ですから、それら企業から書類選考不通過の連絡が届いたとしても、決して気落ちしないことです。

久間　応募しても勝てる見込みがあまりないのであれば、そもそも難しいということですね。このような事情は紹介会社では常識なのでしょうか？

永楽　ほとんどの紹介会社のコンサルタントは、このような事情までは把握していないと思います。今はどの**紹介会社も分業化が進んでいて、企業担当と会わないコンサルタントが増えています**。ゆえに、企業ごとの事情はほぼ把握することが難しい状況です。

でも一部にはこのような事情を知ってあえて大手企業の案件を紹介するコンサルタントもいます。目的はそれぞれあると思いますが、求職者に現実を理解してもらうための特効薬として利用する場合もあります。

久間　求職者に現実を理解してもらう、とは、もう少し教えてください。

永楽 たとえば、大手企業を受けたいという求職者は、自分にふさわしい会社はこのくらいのレベル、と考える傾向があります。たとえば、パナソニック出身者がソニーやトヨタが自分にふさわしい会社と考えるようなことです。

基本、ソニーやトヨタは、わざわざ外部から人を採らなくても自社社員で賄えますので、応募しても落選する可能性が高いのですが、そのような方には口で説明しても理解してもらえませんので、本来は応募しても難しい案件をあえて、転職マーケットを理解していただくためにぶつけて、一気に現実を知ってもらうのです。

久間 なかなかの荒療治ですね。それでその後はどうなるのでしょうか？

永楽 **現実を受け入れる人と、受け入れられない人に分かれます**。比べると後者のほうが多いかもしれません。たった1回の書類不通過で自信をなくす人もいますし、企業や紹介会社に逆ギレする人もいます。ただ考え方によっては、現実を受け入れて、現職に残るという判断もできるわけですから、いい結果かもしれません。

久間　現実を受け入れた人はどうなるのでしょうか？

永楽　自分の現在地を知り、現職に残ると判断する人もいれば、どうすれば自分が評価されるのかを真剣に考える人に分かれます。転職が簡単ではないことに気づいただけでも大きいことだと思いますが、それよりも一歩先に歩み出し、転職マーケットで評価されるための努力を始めます。

久間　自己分析を真剣に行うようになるのですね。一体自分は何ができて、何を成し遂げたいのか、ということへ気持ちの変化が起こるのですね。

永楽　そうですね。そのような気持ちになった人は自分の進むべき目標が見つかりますので、仕事でも必ず成果を上げることができますし、社内評価も上げていくことができます。これもキャリアアップしている、と言えると思います。

　自分がどういう状態になりたいのか、どのように見られたいのか、を真剣に考えれば、自分に適した環境が見えてくるはずです。それが外資系企業かもしれないし、ベンチャー系企業かもしれない。

久間　企業規模は関係ない、ということですね。自分がどのような状態になればハッピーなのかを考えていれば、いろいろな人の意見やアドバイスを有効に受け入れることができ、また、惑わされることも減ると思います。自分軸を持てば、不本意な転職は回避されると改めて感じました。

永楽　これは転職に対する基本姿勢です。この基本があって、応用があります。自分がいいと思っていたことも、転職マーケットと対話することで初めて具体性が出てくるはずです。

変化を与えることができるのか？

久間　新卒と中途採用の大きな違いは何になりますか？　中途採用は即戦力、とよく伺いますが、どのように考えればいいのでしょうか？

永楽　まさに中途採用は即戦力です。言い換えれば、**経験者採用**ですから、結果を出すイメージが持てない人は中途採用されにくいと考えましょう。そして中途採用した人に企業が抱

変化を与えられるか？

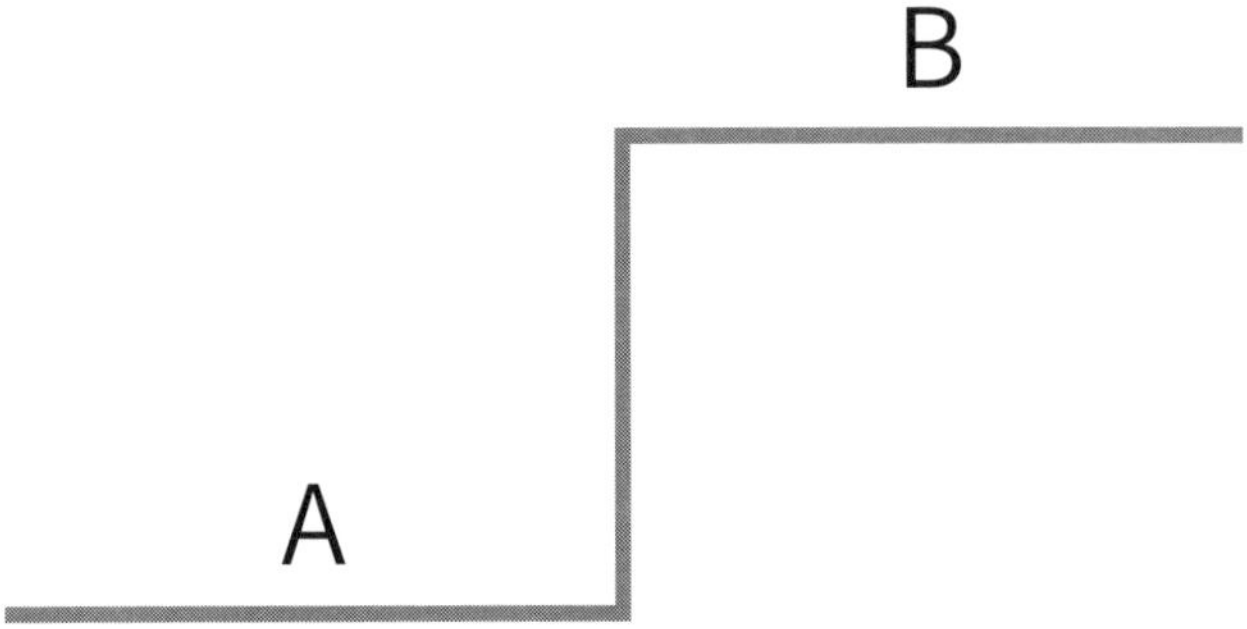

える問題点をすぐに解決してほしいと考えます。この人を採用すると、よい変化が起きる、という成功期待感を持たせることが大切です。

永楽　たとえば、自社にノウハウがない、という問題を抱えた企業をAの状態と考えてください。中途採用でそのノウハウを持つ経験者を採用し、Bの状態に持っていきたいと考えています。

面接ではこのBの状態に持っていくことができる人かどうかを検証しています。そしてBから見える風景はどうだろうかと妄想しています。それが成功期待感です。

久間　たしかにそうですね。その企業が持つ悩みを解決し、変化をもたらせる人でないといけないですね。今やっていること、その求職者が持つ技量などを考慮して、問題解決できる適性があるのかを重視しているのですね。

永楽　そうです。多くの求職者が面接時**「自分が何をしたいのか」のみを主張する**のですが、その会社にとって有益な人材であることの証明が不足しているケースが目立ちます。中途採用では、その人を採用することで、どのくらい可視化された変化が得られるのかを考えます。

久間　変化を与えられる人材と評価されることですね。たしかに企業が持つ問題点に対し、「多分、できると思います」という返事より、**「解決した経験があるので大丈夫です！」**という人のほうが安心感が持てます。これが中途採用の基本なのですね。

20代・30代・40代の転職難易度と実情

久間　成功期待感を与えることができる、他者が評価するキャリアを意識しないとダメであることはわかりました。ただ、他者評価を気にしすぎると、仕事選びも妥協の連続のような気がしてきます。本来自分らしくあるため、やりたいことを求めて転職を考えると思うのですが、その点はいかがでしょうか？

永楽　ご指摘のポイントはとても重要ですが、自分がこの仕事をやりたい、という気持ちが強くても、相手が求めている条件を満たしていないと転職マーケットでは意味がないのです。
　仕事選びは個人の意思も大切ですが、企業が求めている問題点を解決できることも大切な要素です。その企業が持つ問題点を解決したいと思うか・思わないかの判断軸は常に持つべきです。

久間　転職するにしても、石の上にも三年、と言う言葉があるように、ある程度の期間は在籍しなければいけないですよね？　ミスマッチだからといって、短期で辞めてしまうと他者評価が得にくくなると思います。私はそこが怖いのです。

永楽　20代半ばくらいであればまだ大目に見てもらえます。若い頃は、社会人として成長過程と判断され、ある程度迷うことも猶予されています。そのため、失敗したと考え自分のキャリアを修正し、また転職活動しても内定を勝ち取ることはそんなに難しいことではありません。

しかしながら、最近は人材不足による超売り手市場の影響で、キャリアを積むことよりも我慢できず短期で転職を繰り返す若者が激増しています。そうなるとしっかりとしたキャリア形成ができず、若さのみが武器という人材となってしまいます。しっかりと他者が評価するキャリア形成を考えなければいけません。

キャリア形成と転職難易度のピラミッド
20代~30代前半＝スタッフとしての転職。給与はあまり高くないため、機会は多い。
35歳前後＝リーダーとしての転職。このあたりから役職の有無が問われ、機会が減

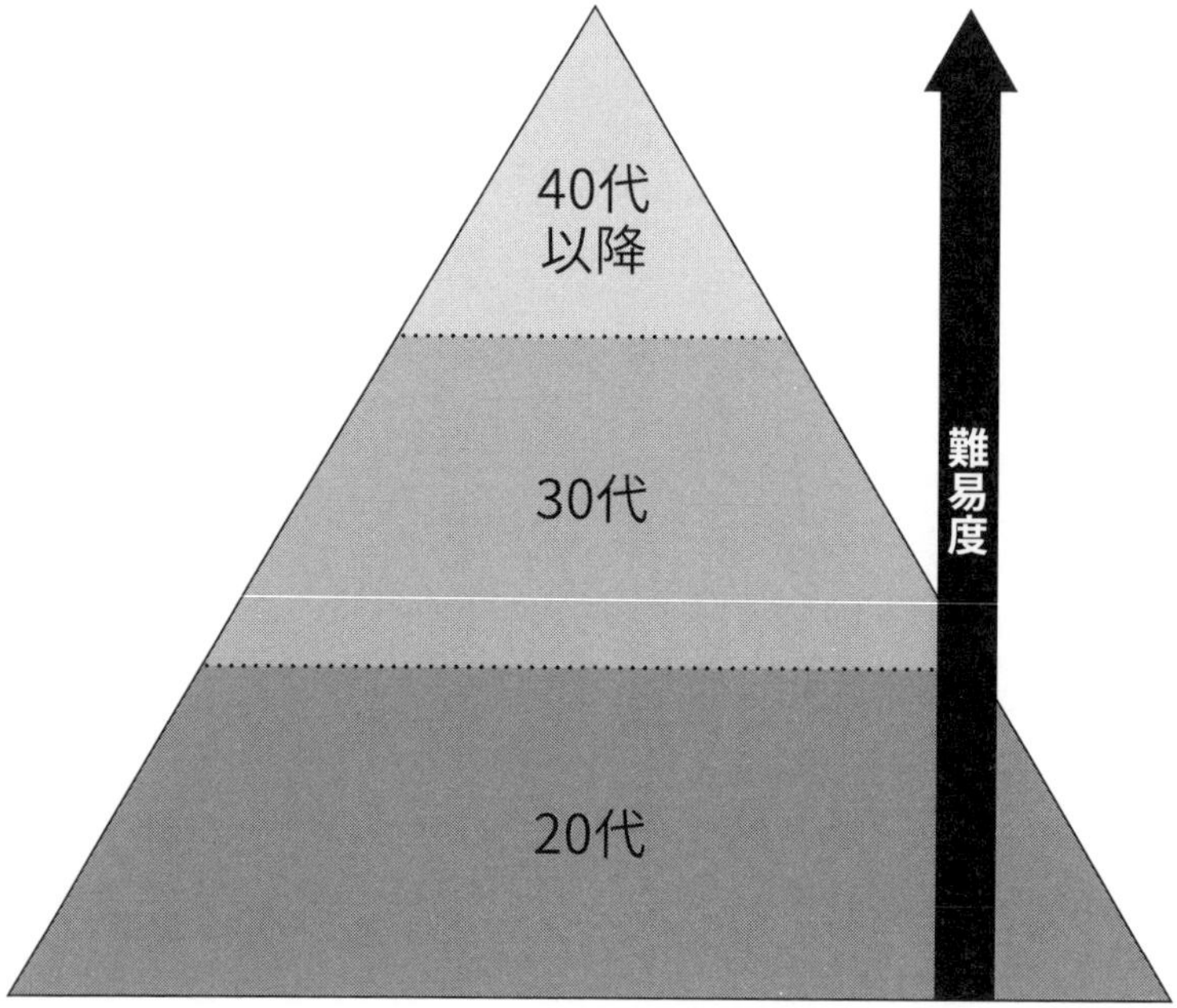
40代
以降
30代
20代
難易度

る。
40代以上＝管理職としての転職。部下管理能力、経営能力が問われ、機会は激減する。
ピラミッドの外＝キャリア形成など関係なく、数合わせ的な採用となる。給与も低い。

久間　そうすると、転職回数のボーダーラインはどのくらいと考えますか？

永楽　営業職であれば、20代では理由にもよりますが、2回くらいが目安だと思います。それ以上になってしまいますと、ノルマが厳しい仕事や、激務でつらい、という仕事しか選考してもらえないでしょう。

久間　やっぱり動きが激しいと評価されないのですね。それは実力主義の外資系企業でも同じなのでしょうか？

永楽　入口でダメ、ということはないですが、やはりその人のキャリアに対する考え方を過去の経験から推測する傾向はあります。動きが激しい人は、またすぐに辞めるだろう、と考えてしまわれるため、外資系であっても不利になる可能性は高いですね。

久間　では逆に言えば、動きが激しい人でも、一貫性を感じるものがあれば、評価対象になる、ということでしょうか？

永楽　職務経歴書から一貫性のある動きを感じ、納得感が得られれば選考対象になります。

久間　他者が評価する一貫性のあるキャリア形成についての定義はあるのでしょうか？

永楽　**エンプロイアビリティ**という概念があります。厚生労働省の調査研究によると、以下の3つが挙げられています。

A　職務遂行に必要となる特定の知識・技能など顕在的なもの

B　協調性、積極的等職務遂行に当たり、各個人が保持している思考特性や行動特性に関わるもの

C 動機、人柄、性格、信念、価値観など潜在的な個人的属性に関するもの

これは、どこで何年働いていたかではなく、どのような知識を蓄え、どのような成果を上げることができたのかが重要であり、専門能力、コミュニケーション能力、対人関係構築能力など、実際の仕事を通してスキルとして習得していくことができているかどうかを評価するものとされています。

久間 これも第2章で教えてもらったドナルド・スーパーの職業適応性に関連して考えるとわかりやすいですね。仕事選びは奥が深いですね。

長く働いたキャリアは信頼と実績となる

久間　一貫性のあるキャリアは評価されるということですが、もう少し経験を積んだ人で考えると、どのようなイメージで捉えればよいでしょうか?

永楽　たとえば40代半ばくらいで考えてみます。転職回数に関しては、先ほども言及しましたが、一貫性がなく、何となく仕事を選んでいると、どこの企業も厳しい評価をしています。次の図を見てください。Aさん、Bさん、Cさんのうち、一番企業から評価されないキャリア経験はどれだと思いますか?

- Aさんは、若い頃転職を繰り返したが、現在は長く働いています。
- Bさんは、以前は長く働いていましたが、直近は転職を繰り返しています。
- Cさんは定期的に転職をしています。

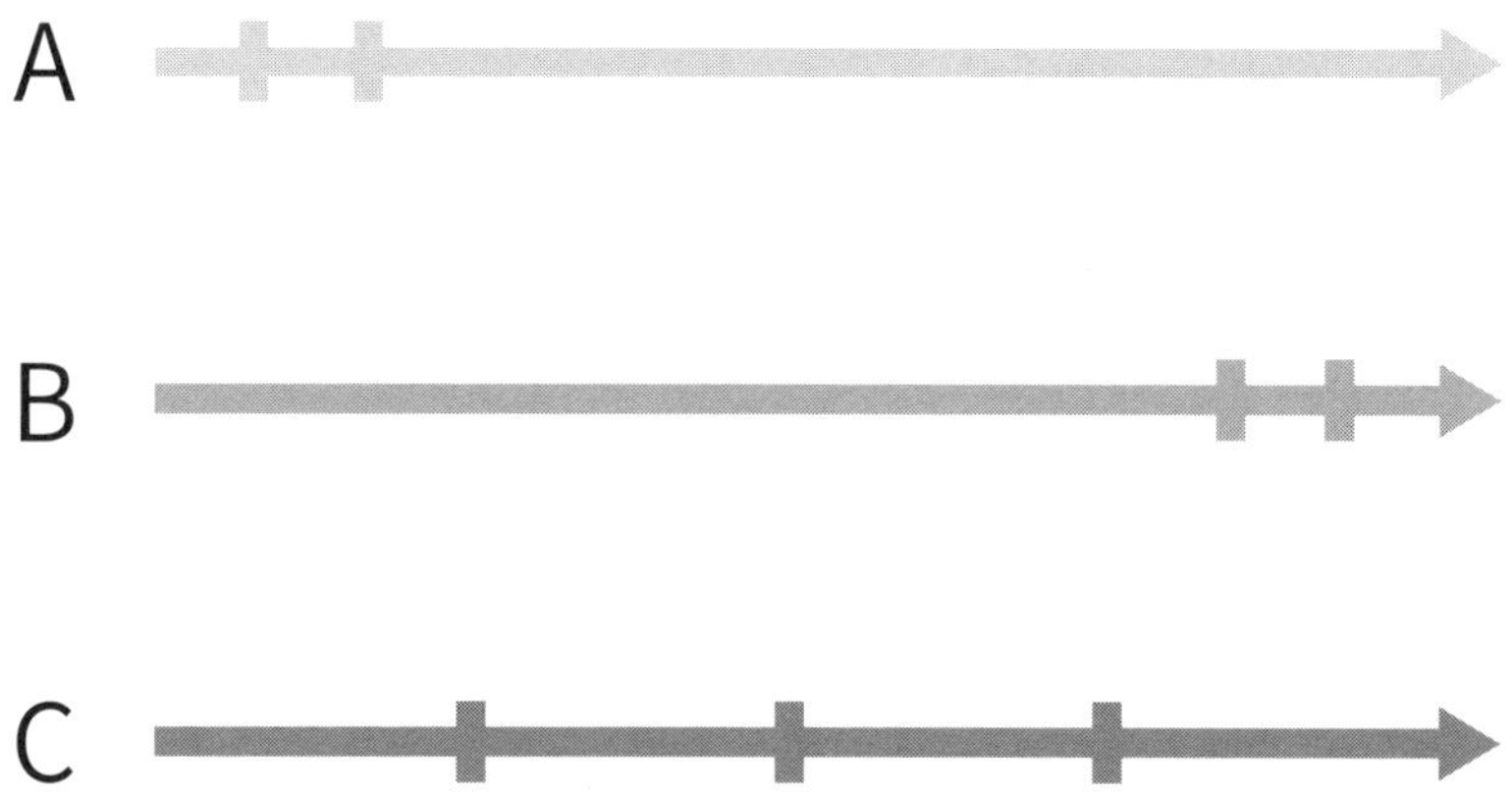

久間　えーっと、難しいですけど、Bかな。最近バタバタしていることは、自分のキャリアをしっかりと捉えていないという印象を受けますね。だから評価されないと思います。

永楽　なるほど、いい線いっていますね。たしかに直近がバタバタしている人は長く勤めた会社を辞めて、何となく転職活動をして、転職が目的化していることが考えられます。

　しかし、実は採用する側からすると**明らかにCさんです。**Cさんからもし応募があったら、多くの採用担当者は書類NG、と判断する傾向にあります。

久間　えー、それは意外でした！　なぜでしょうか？

永楽　職務経歴書から、しっかりとストーリーが見える転職を感じれば問題はないですが、多くの採用担当者がCさんを嫌うのは、**転職が癖になっている**可能性が高いからです。たとえば、2年や3年周期で転職をしている人は、**一定期間働くと仕事に飽きてしまうタイプ**と断定されます。

　せっかく採用しても、また転職をしてしまうと、それは企業にとって大きなリスクになります。採用側は長く働いてほしいと思っているので、最初から定着が見えない人は採りたくないと考えるのです。

久間　うーん、癖ですか。たしかにそうかもしれませんね。私の友人でもちょくちょく職場を変える人がいますが、飽きっぽい人と判断されてしまうのですね。

永楽　料理人や医療介護従事者のような職業であれば、仕事内容も給与もどこに行ってもあまり変わらないので、職場を変えてモチベーションを維持することは有りだと思います。職場も転職回数にはこだわらず、求める仕事ができるのかどうか、という軸で判断しますからね。でも**サラリーマンは違う判断軸**なのです。

久間　AさんやBさんは大丈夫でしょうか？　特にBさんは厳しいような気がするのですが。

永楽　なぜそのような状況になったのか、という理由によります。Aさんは若い頃にいろいろとあって、なんとか自分の居場所を見つけたのかなと考えることができます。Bさんは、長く勤めた仕事から、新しい挑戦をしたいと考え行動したのですが、直近が上手くいっていないのかな、と考えることができます。

共通することは、**長い期間働いていた実績がある**ことです。長く働いた経験があれば、その人なりの仕事に対する価値観を聞いてみたい、と考えることができます。

久間　やはり長く働いた経験が、**信頼と実績、**ということになるのでしょうね。

「会社は家族」をどこまで信じるべきか

久間　ある本に**「会社は家族と思いなさい！」**という一文がありました。仕事に悩み、迷うのは、その会社で働く覚悟が足りないからだ、というロジックだったのですが、やっぱり私には覚悟が足りないのでしょうか？

永楽　「会社に忠誠を尽くす想いを形に出すと、管理者から可愛がられるものだよ」と言いたいのかもしれないですね。特に規模の大きくない企業の経営者は、社員にも経営者と同じような気持ちで主体的に仕事に取り組んでほしいと考えますからね。ただそれを社員全員に求めるのは基本的には難しいと思います。

久間　それはやはり役割が違うから、ということでしょうか。でも、会社に忠誠を誓う態度を示さないと、やはり上に上げてもらえないのではないでしょうか？

永楽　忠誠を誓うな、とは言いません。会社を愛していればその態度を前面に出していいと思いますし、結果、昇進と昇給を勝ち取ることはいいことだと思います。私が言いたいのは、**忠誠も大事ですが、会社にとって有益な人材になるほうが先、**ということです。

もしあなたが、優秀で会社に多くの利益を生んでくれる社員であれば、経営者側は間違いなく大切にしてくれます。変に媚びるばかりの社員は感情面だけが評価対象となってしまいますから、それだけでは厳しいということです。

久間　では、家族と思いなさい、の真意はどこにあると思いますか？

永楽　経営者は社員に対して2つのわがままを持っています。**一つは、会社を辞めないでほしいということ、もう一つは会社を辞めてほしいということ。**この相矛盾するわがままを多くの経営者は抱えています。

久間　辞めないでほしいと思いつつ、辞めてほしいとも思っている？

永楽　簡単に考えれば、会社にとって利用価値があれば残ってほしい、ということ。そして会社にとって利用価値がなくなり、このままではお荷物になってしまうと考えれば、辞めてほしいと考えるということです。経営者になればわかる、ごく自然な発想です。

久間　なんだかとても冷たい印象を受けました。今の話からすれば、会社は用がなくなったらポイッと社員を捨ててしまうぞ、と聞こえてきます。

永楽　でもそう思いませんか？　これはどんな立派な経営者でも言っていることです。制度としても**「定年制」**を導入していますよね？　これは一方的に年齢で区切って、定年に達すれば必ず辞めてもらえる、という便利な制度です。会社にとって用が済んだら、辞めてほしい、と捉えることができます。

久間　あ、たしかにそうですね。当たり前のように定年について受け入れていましたが、見方を変えると**「用済みです」**と言われているようなものですよね。

永楽　特に昨今は年金の財源問題や、高齢化などから、定年後の時間をどう過ごすかが課題となっています。再雇用制度は、用済みな人を何とかもうちょっと引き受けてほしい、と捉えることができます。すなわち、会社を家族と思いなさいという真意は、会社は必要なときは辞めてほしくないと考え、必要なくなったら会社のことを想って辞めてくださいということだと思います。

ジョブ型か、メンバーシップ型か

久間 日本企業は社員を大切にし、外資系は実力主義で簡単に首を切る、という考えがありますが、その点はどのようにお考えでしょうか？

永楽 日本企業の多くは、新卒を一括で総合職として採用し、研修後に配属、仕事を割り振ります。職種や勤務地も、会社の都合で決定され、ジョブローテーションという名のもと、異動や転勤を強いられます。

正社員の身分は強いですが、同時に会社側に強い権限が発生します。その権限が発動されれば、今まで積み上げてきた経験やコネクションをリリースすることになります。会社内に残ることを前提とした雇用システムは、残念ながら転職マーケットでは勝負できない人を大量に生産し続けているのです。

久間　やはり求人票に細かく記載されている点を考慮すると、転職マーケットでは尖った経験を持っていないと勝負できないですね。

永楽　日本企業は、その会社に所属することに価値を置く、**「メンバーシップ型」**のキャリアを志向し、外資系企業は、仕事内容と成果に価値を置く、**「ジョブ型」**のキャリアを求めます。そして転職マーケットは、**「ジョブ型人材」**を求めるので、**「メンバーシップ型」**でキャリアを形成してきた日本企業のサラリーマンは勝負できないのです。

久間　求人票はより細かく記載されているほうが良いとおっしゃっていたのは、しっかりとした「ジョブ型人材」を求めているからなのですね。

永楽　その通りです。たとえば5年前に経理をしていたから、経理で転職をしたいと希望しても、**転職マーケットでは現在価値が優先される**ため選考されにくいのです。過去にやっていた仕事の価値をゼロとは考えたくないと思いますが、転職マーケットではシビアに評価されます。自分がどのような仕事に就くか、そして続けていくのかの判断がとても重要です。

久間 そうすると、これからは「ジョブ型人材」を志向するべきでしょうか？

永楽 転職マーケットを考慮すると、ジョブ型人材が良いですが、今の日本の雇用環境では、なかなか難しいと思います。新卒一括採用が根強いですし、企業も学生に専門性を求めて採用するのではなく、採用後研修し、人材を育てるという発想です。新卒で専門性を追求したくても、環境がまだ整っていない、と考えています。

久間 たしかに学歴フィルターなどは、大学で何を学んできたかを評価するのではなく、どの大学出身者であるのか、を優先しますからね。

永楽 ただ、すでに大学教育の現場は大きく変わっていく動きがあります。これまでの終身雇用制度が崩れている昨今、この会社に入社すれば安心、という絶対的企業がなくなってきたという背景もあります。大学在籍中から学生自身がどうキャリアを積み上げていきたいかを真剣に考え、インターンなどを通じてトレーニングしている例も増えています。

久間　あとに続く若手人材が自分の専門性を意識したキャリアを志向しているとなれば、私は不安で仕方ありません。

永楽　たとえば外国人の仕事観は、**どの分野のスペシャリストか、**が基本です。先ほどの経理職の人が、会社から一方的に営業だ、と言われれば、その人は死刑宣告を受けたと考えるのです。そのため自分の仕事を守るために会社を辞めるという選択を取ります。海外では人材の流動化が進んでいると言われますが、このような仕事観が背景にあります。

久間　異動の打診があれば、それは死刑宣告。とても重要な人生の岐路ですね。あまりにも当たり前に異動があるので、自然と受け入れていました。

永楽　今までは終身雇用で守られていたので、異動して価値が下がっていても、社内での価値は維持できていたので問題は表面化しませんでした。年功序列は、長く会社にいることだけで給与も上がり、仕事ができない人、いわゆる社内失業した人でも続けることができるシステムです。そのシステムの利益を享受したという自覚がないと、転職マーケットでは苦戦します。この意識が低い状態が**「日本人の労働生産性が低い理由」**と個人的には思います。

久間 ここでマーケット感覚が必要になってくるのですね。自分を商品として見たとき、どの看板を持っていれば売れるのか、という発想を持つ。そうすると、役職定年や再雇用制度で給与が半分以下になった、という人も、そもそも半分の給与価値しかなかったと考えるべきですね。

永楽 転職マーケット的にはそういうことですね。だから会社が持つ2つのわがままを理解することが大切です。**これからは会社と対等に付き合い、自分も会社を利用してやる、と考える気持ちが必要になります。**不本意な異動や転勤が打診されたとき、受け入れるか拒否するかは自分次第。そのときに選択肢があるかないかでキャリアと人生が決まります。

久間 会社と対等に付き合うと簡単に言いますが、具体的にはどのような行動を取ればいいのでしょうか?

永楽 たとえば、自分の仕事が終わったとき、どのような対応をするかでしょう。日本企業は、機会不平等・結果平等の文化ですから、仕事ができる人ができない人を手伝うことを美学としています。しかし、自分に与えられた時間を他人のために使うという解釈もできます。その時間の使い方を意識することですね。

手伝うことで自分のスキルと評価を上げる考えもあれば、手伝わず、自分のインプット作業のために時間を使うという考えもあります。どちらも正しいように思いますが、結果、自分の他者評価が上がる選択を普段から意識するということです。

久間　論理はわかりますが、組織人として考えると、仕事を手伝うべきだと思いますけど。

永楽　そうとは限らないですよ。ほら、どこにでもいるじゃないですか、要領がいい人って。そのような人は、損得勘定で動いているから、自分の居場所を確保できているのです。仕事ができなくても出世する人は、そういう能力に秀でています。悪いこととは思いませんよ。簡単に言えば、賢く行動しましょう、ということです。

久間　たしかにそうですね。自分なりに線引きをして、組織の犠牲になったと思わないよう、考えて行動したいと思います。

転職マーケットで選別される3つの人材型キャリア

久間 そう言えば、先日友人が海外留学から戻ってきたのですが、ちょっと信じられない配属があったのです。

永楽 一体どのようなことですか？

久間 彼は法務部で仕事をしていて、社内選抜でアメリカの大学院へ留学しました。1年間勉強をしたのち、今度はイギリスの法律事務所にインターンをしました。法務部でのさらなる活躍を期待しての企業投資だと思いますが、なんと、帰国後、まったく違う部署に配属になったようなのです。

永楽 法務の経験をさらに磨くため、社費で留学したのですね？ しかし帰国後は法務部に戻ることができなかった、そういうことですね。

久間 ええ、この話を友人から聞いたとき、とても驚きました。社費を使って留学までさせておいて、戻ったら法務部の椅子がないのですよ！　この会社はおかしいですよ！

永楽 その友人はどのような心境なのですか？

久間 怒っていますね。たぶん、上司に嫌われているから、このような仕打ちをされた、と言っていました。

永楽 なるほど、その方の怒りは理解できますね。それで、会社からどう説明を受けたと言っていますか？　その方の言う通り、何か上司の意向を感じる説明だったのでしょうか？

久間 人事部からは、新規事業を立ち上げるので、創業メンバーとして参加し、今までの経験を活かして、ビジネスを軌道に乗せてほしい、という説明を受けたそうです。法務の仕事は若干あるのですが、経理や経営企画などの管理部の業務を一切引き受けることになりました。
数字に関する業務も多く、とても法務の仕事をしている、と対外的に言えない状況となっているそうです。そのため、自分よりも適任者はいるはずと、本人はその説明に納得ができないようで、これはやはり自分が嫌われているからではないか、いじめではないか、と考えています。

永楽　なるほど、会社からの説明と本人の解釈に乖離が発生していますね。本人は社命で法律の勉強を1年半頑張ってきたのにその配属命令で納得できないということですね。

久間　私はこの会社の人間ではないので、何が本当の理由なのかはわかりません。ですが、会社経営という目線で考えたとき、このような理不尽な配属は不利益だし、生産性も悪くなると考えてしまいます。なぜ会社はこのような配属をしたのでしょう？

永楽　この事例から一般的に考えられることでお話をしてみると、大きく3つくらい挙げられます。まず1つ目は、会社が説明している通り。法律の経験、海外での留学経験、そして英語力を活かして、新しい組織を成功させてほしいと考えている場合。2つ目はその人が言うように、法務部の責任者に嫌われていて、受け入れを拒否された可能性、そして3つ目は、深い意味がない、会社もあまり考えていない、ということ。帰国時の社内状況を見て、配属を決定するという、いかにも日本企業らしい発想で配属が決まるイメージですね。

久間　もし3つ目の理由であるとすれば、あまりにも戦略性がないですね。

永楽　組織人である限り、このような本人には納得がいかない、理不尽な人事が多く起こり得ます。それを常に頭のどこかに想定しておかなければいけません。

久間　この話を聞いたとき、ちょっと怖いと思いました。社命で留学することは名誉なことでもあるし、同時に会社に貢献しなければという使命感も生まれると思うのです。でも帰国したら自分が学んだことは評価されず、いやむしろ、今までのキャリアを全否定されるような対応を受けてしまう。せっかく組織に奉仕したのにと考えさせられますね。

永楽　そうですね。こればかりは感情的に捉えるととても嫌な気分になってしまいますね。しかし、組織人である限り、ある日突然そのようなことが誰にでも起こり得る、ということも肝に銘じておかなければいけません。

久間 そうですね。あまり腑に落ちないですけど。

永楽 それで、その友人はどうしたいと言っているのですか？

久間 いろいろと不満は聞きましたが、特にどうしたいということはないようでした。私が「辞めたいのか？」と聞いても、はっきりしない印象ですね。

永楽 気の許せる人に聞いてほしかっただけかもしれませんね。その人は自分が嫌われているから、と思っていますが、会社からはしっかりと言葉として説明を受けているわけですから、その言葉を素直に受け取ったほうがいいですね。

新しいビジネスを立ち上げることはやりがいもあるし、新しい仕事を覚えていくと、法務部の一スタッフではなく、マネジメントができる幹部候補に成長することができるかもしれませんからね。

久間　しかし、彼自身は法務の専門家としてキャリアを積んでいきたいと考えているわけです。**もしこのまま仕事を続けていると、法務部へは戻れない**のではないでしょうか？

永楽　その可能性は十分あります。その点が今回の大きなポイントでトランジションとなります。自分はどのような人間と見られたいか、というこだわりがここで問われていると思います。このまま続けていくと、法務部の人というよりは、経営企画の人、経理の人、という捉われ方をされてしまいます。

久間　本人は法務としての経験は残るから、たとえば2年後に法務として転職できるという考えは持っているようでした。2年くらい新たな分野にチャレンジしてその後考えたいという雰囲気でした。

永楽　2年くらいだったら大丈夫だと思います。過去の面接でも、1年から2年程度のブランクは入り口でNGということもあまりありませんでした。
　しかし基本は直近やっている仕事に企業は価値を置くので、求人企業によっては、法務担当として評価しない会社が出てくるでしょう。さらに年齢の問題も加味しますので、本人が思うより苦戦する可能性は否定できません。

久間 それは、2年後には法務のキャリアより経理などのキャリアで選考されてしまう、ということですか？

永楽 その可能性も十分あるということです。すべての求人企業がその人のキャリアについて評価するとは限りません。この方の会社では、いろいろな経験を積んでいくことで評価する人事制度を導入しているので、同じような考えを持った企業であれば、管理部門のジェネラリストとして高い評価を得ることができるかもしれません。

しかし転職マーケットは深い専門性を要求されるケースが多いので、角がない丸いキャリアよりも、尖ったキャリアを欲する傾向があります。

久間 転職マーケットのニーズもいろいろあるのですね。彼のような経験を欲している会社はどのくらいあるのでしょうか？

永楽 たとえば次ページの図を見てください。これは人事関連本によく記載されている、人

人材のタイプ
（縦軸が知識の深さ、横幅が知識の幅）

I字型 **スペシャリスト**
一つの分野を掘り下げ、専門知識を持つ
技術者、経理一筋数十年など

T字型 **シングルメジャー**
ひとつの専門分野に加え、幅広い知識を持つ
多様性、各専門分野の融合

Π字型 **ダブルメジャー**
幅広い知識を持ちつつ、2つの専門分野を兼ね備える
2つの専門性の融合、希少価値高い

材をタイプ別に分類したものです。自分はこのなかで、どのような方向性でキャリアを形成してきたのかを語ることができれば、求人企業に対して訴求ポイントが持てます。

転職マーケットでの求人
・I字型＝スタッフや外資系企業に多い求人。一つの分野での専門性を評価される。
・T字型＝部門管理職に多い求人。専門分野の幅があり、対応力が評価される。
・Π字型＝多くの仕事を任されるベンチャー系に多い求人。経験値が評価される。

久間　なるほど。今回の例で考えると、もともとI字型だった彼が留学し、T字型人材を目指そうとしていたところ、配置換えでΠ字型のダブルメジャーでのキャリア形成の入り口に立った、と解釈できるのですね。このように考えると、自分のキャリアをどう形成していくのかを戦略的に考えることができますね。

永楽　彼があくまでも法務部だけの経験でキャリア形成をしたいなら、Π字型キャリアは彼にとって魅力があまりないことになります。そう考えれば、配属が決まった段階で転職は考えるべきです。

そうではなく、キャリアの幅を求めたいと考えるなら、しばらく様子を見て行動するという選択もできます。たとえば2年後の転職活動で、自分のトランジションについてしっかりと説明できれば、問題は大きくならないです。

久間　そういうことですか。転職マーケットが欲しいとする人材はさまざまですが、自分の経験したキャリアをしっかりと把握しておけば、いざ転職を考えたときにも、しっかり的に当てることができる、ということですね。

永楽　転職マーケット的に考えれば、I字型がスタッフ系で外資に多く、T字型がリーダー系でのニーズがあるという印象です。Π字型は、どちらかというといろいろな仕事に対応できるという点でベンチャー系の管理職に多いと思います。管理職での転職を考えたい場合は、マネジメントスキルも必要となります。

久間　自分のキャリアは自分で守る気持ちが大切なのですね。

5

戦える
職務経歴書を
作り上げる

職務経歴書で自分をどう見せるかを考える

久間 今日はいよいよ職務経歴書の対策ですね。今までの講義で感じることは、自分をいかにアピールすることができるかということです。転職活動においてとても重要ですね。

永楽 その通りです。職務経歴書は、**いわば自分がどのような人物かを理解してもらう重要なツール**になりますから、魂を込めて作り込まなければいけません。時間をかけて、じっくり自分に向き合いながら、自分らしい職務経歴書を作っていくことになります。

久間 自分をどう見てほしいかを考えながら作り上げるということですが、何を書いて、何を書かないかの選別は結構大変かもしれません。

永楽 職務経歴書を書くとき、正直に負の部分まで掲載しようとする人がいますが、それは控えたほうがいいでしょう。たとえば退職理由を記載する際に、上司とのトラブルやコミュニケーション能力の足りなさ、また過去の病歴など書く人がいます。病気などは現時点で仕事に影響がなければ、無理に書く必要はありません。

久間　しかし、自分の弱いところも正直に書いて、その上で採用されたほうがお互いにとって良いと思うのですが、その点はいかがでしょうか？

永楽　自分の負の歴史について語ることは止めませんが、面接する側からすると、**そのような人は怖い**と思います。弱さを見せて「それでも良いと思って採用したのですよね？」という大義名分を与えてしまうと、それを盾にわがままな働き方をされると勘ぐってしまいます。**自分の弱さは自分自身で消化してほしい**と採用担当は願っているので、本人の口から積極的にそのような情報を得てしまうと、残念な結果をもたらすことになりかねません。

久間　たしかに、「面接のときに言いましたよね！」と強く出られてしまうと、採用担当の気持ちも厳しくなりますね。自分で背負うべきことは、自分で処理することを前提に考えます。

職務経歴書の目的は会いたいと思わせること

永楽　職務経歴書の一番の目的はわかりますか？

久間　それは、自分自身のことをアピールする材料で、とても重要なツールということですから、自分を知ってもらうことが一番の目的であると思います。

永楽　たしかに、自分を知ってもらうことが重要であることは間違いないですが、目的は**面接に呼んでもらうこと、**と思ってください。自分はこのような経験を持つ人間です、という自分自身の主観的な作りになっていると、「だから何？」となってしまいます。あくまでも面接に繋がるツールと考え、**面接官が会いたくなるような作りを意識する必要があります。**この考えがないと、詰め込みすぎの頭でっかちな職務経歴書になってしまいます。

久間　自分をどう見せたいかということと同時に、相手にどう見られたいのか、ということも大切なのですね。

永楽　この発想を持たないと、とんでもない分量の職務経歴書を作ってしまいます。以前、職務経歴書を細かいフォントで7枚くらいぎっしりと書いた人と出会いましたが、まず読む気がしませんでした。たとえるなら演説です。演説はいろいろと個人の主張をしていますが、ほとんどの人は聞いていませんよね？　コミュニケーションのとり方では、発信者責任と受信者責任というものがありますが、頭でっかちな職務経歴書は、受信者責任が過ぎる結果となり、相手によっては拒否されてしまいます。

受信者責任＝情報を受け取る側に責任があるという発想。例：学校の授業
発信者責任＝情報を伝える側に責任があるという発想。例：人気塾講師の授業

久間　受信者責任で職務経歴書を作ると、受け手によって解釈が変わってきますね。作成する側が相手に自分の良さを理解してほしいと思わない限り、良い職務経歴書は作成できないということですね。

職務経歴書の1ページ目に一番見せたいキャリアを記載する

永楽　さて、職務経歴書を記載するとき、過去から現在に向かって書く、現在から過去に遡って書く、どちらのほうが良いと思いますか？

久間　キャリアの流れを意識すれば、過去から現在に向かって書くほうが良いと思います。

永楽　時系列を追うと考えれば、その作りでも良いと思います。ただ、面接官になったつもりで考えてください。職務経歴書を手にとったとき、直近は何をやっているのか、気になりませんか？

久間　たしかにそうでした。以前の講義で、中途採用は直近のキャリアを重視する、とおっしゃっていましたよね。そうすると、現在から過去に遡るほうが良いということですね。

永楽　直近のキャリア推しであれば、そうなります。そして直近のキャリアが一番のバリューですから、現在から過去へ遡る作りのほうが、面接官はわかりやすいのです。しかしもし、直近の仕事でなく、過去の仕事で転職をしたいのであれば、過去から現在という流れも有りです。

要するに、職務経歴書の1ページ目は、一**等地**であると思ってください。一番目に付きやすい場所に一番アピールしたいことを書くことを強く意識してください。

久間　そうなると、自己紹介や長所、資格などポテンシャルを見てほしい場合は、経歴の前にプロフィールをしっかりと書くことも戦略となりますか？

永楽　十分あり得ます。自分をどう見せたいか、見てほしいかと考えた結果、そのような構成になることも戦略として有効です。

自己紹介欄は面接への前フリ

久間　自己紹介は、どの程度書けばいいのでしょうか？　また、職歴概略との違いもよくわからないのですが。

永楽　自己紹介も職歴概略もほぼ同じ意味ですから分けずにまとめたほうがいいでしょう。面接時の自己紹介は、自分の職務経歴を話すことになりますからね。それを踏まえ、職務経歴書に面接で話す自己紹介を書いておくと有効です。そうすれば、面接官は求職者のことを理解してくれますし、面接の際、どんな質問をしようかというヒントも得られます。

久間　しかし、それでは自己紹介が長くなってしまいませんか？　それこそ、「演説」のような職務経歴書になってしまうように思います。

永楽　自己紹介、職歴概略とバラバラだったものを1か所にまとめるだけですから、懸念されるような負の効果になることはないと思います。当然ですが、メリハリのある文面にすることは必要ですけどね。

久間　わかりました。そのように自己紹介をまとめるとします。しかし、面接時に職務経歴書に書いてある通りの話をすると、ちょっと違和感がないですか？　マニュアル人間だと思われそうでちょっと怖いです。

永楽　そんなことはありません、心配しないでください。なぜなら面接官は職務経歴書に書いてあることをベースにして質問を考えるからです。最近は、厚生労働省の指導もあり、聞いてはいけない質問が列挙されていますから、何を聞けばいいのか、面接官も悩んでいます。そのような状況を考慮し、こちらから質問材料を提供すれば、面接の主導権を握ることができるはずです。

久間　なるほど。たしかに面接で質問してはいけない事項が列挙されていましたね。親の仕事や愛読書、思想信条に関することも聞いてはいけないのですよね。そう考えると、面接官は仕事に直結した質問を的確にすることが求められるので、求職者からヒントがあると助かりますよね。

永楽　自己紹介は、起承転結を意識して、自分の仕事観などをアピールすると良いと思います。たとえばこんな構成です。

起＝軽く自分がどのような人物で、取り組んでいる仕事に言及
承＝今の仕事についての役割、立ち位置、内容などに触れる
転＝仕事にやりがいを感じた成果、成功談・失敗談等エピソードを紹介
結＝今後取り組みたい仕事、役割、企業像、チャレンジしたいことでまとめる

そして「結」で言及していることは、志望動機に紐づく必要があります。たとえば、今後は英語力を活かした仕事で成長したい、とすれば、英語力を発揮できる仕事に応募していないと辻褄が合いませんからね。

久間　たしかにそうですね。なるほど、職務経歴書を作る段階で、まず自分がどのようなキャリアを積んでいきたいかを自己認識する必要があり、それを文章化することで明確になる。

そしてこの文章を作ることで、面接時の自己紹介と志望動機が明確になる、ということですね。

永楽 その通りです。それが面接時のカンペとなりますし、応募企業に一貫性を持つことができるのです。そして自分がどのような転職を実現したいのかも改めて知ることができ、転職の目的が明確になります。

久間 どの企業へ面接に行くにしても、自分の軸は一本持っておく必要がある、でしたよね。職務経歴書作りは本気で取り組まなければいけない、とても重要な作業ですね。

永楽 では、ここまでのポイントを押さえた職務経歴書のお手本を、1社勤め続けた人と転職経験ありの人バージョンで次ページ以降に挙げますので参考にしてください。

1社で勤めている人の職務経歴書

職務経歴書

【職歴要約】

就職活動では『衣食住』に対し深く興味を持っていたこと、及び、大学で学んだ法律を活かす仕事ができる同社へ入社。総務部総務課へ配属され、入社以法務案件をメインに担当する。現在部長以下、メンバー3名の計4名で、実質私がリーダーとなりすべての法務案件に関わり、指揮を執っている。

訴訟案件対応が私の企業法務キャリアのスタートで、勝訴となったことでこの仕事を続けていく自信となった。その後、契約・債権回収・社内教育案件、最近ではコンプライアンス重視の方針を踏まえ、ハンドブック作成、リスクマネジメント関連など、社員意識の向上させる業務にも従事している。

入社3年目からは、子会社設立や企業買収案件が多発し、以後5年間は当該業務に忙殺されることになった。弁護士や司法書士と相談し、登記手続きやデューディリジェンス等を進め、多くの関係者との折衝を重ねていくことを強いられた。当時は残業も多く、かなりの激務であったが、短い期間で多くの知識と経験を得ることができた。

これからは、今までの経験を元に企業法務の専門性を追求できる仕事に取組み、また、現職ではあまり扱うことができない、海外案件業務にもチャレンジしていきたい。

【資格】

・普通自動車第1種運転免許取得
・宅地建物取引主任者
・労働安全衛生士
・簿記2級
・ビジネス法務2級、法学検定3級
・TOEIC　720点（英会話学校に通い語学力の向上を目指す）

【長所とバリュー】

・話のポイントと問題点を把握することができる理解力
・緊急対応事案に対し現時点での最善策を打ち出し、冷静に対処することができる判断力
・関係各署との連携を取りながら、物事を解決していく調整力
・伝えるべきことを必要最小限の言葉と表現で簡潔にまとめあげる文書作成能力

POINT
起ー企業選びから堅実な性格であることを意識させる。法律を学んでいたため、知識を活かせることも決め手だったと思わせる。

POINT
承ー総務部の中にある法務業務であることに触れている。法務専業ではなく、幅広く経験していることでのメリットをアピールしている。

POINT
転ー総務機能のひとつであった法務業務に面白さを感じるきっかけとなっている。今後専任で法務業務をやってみたいという想いが湧いてきている。

POINT
結ー今後は法務部での就業が一番のこだわり。更に、海外案件にも携わりたいというチャレンジしたいという気持ちもアピール。ベンチャー系の法務か外資がイメージできる。

POINT
管理系で一体となった企業への就業もイメージしている。法務部専任でも、数字が読めることはアピールできる。

POINT
全体を見渡せる法務担当というアピール。

POINT
多くの訴訟に対応しているのは、問題点を抱える求人企業にとっても頼もしい経験。

POINT
数多くの契約業務を経験していることは大きい。

POINT
会社法関連業務も得意というアピール。

POINT
経緯が聞きたくなるエピソード。

【職歴】

〇〇株式会社　1995年4月～現在
総務部総務課へ配属　法務担当として従事
(1)訴訟対応
自社製品裁判・破瓶商品による消費者クレーム、自社製品不法占有による撤去、自社製品出火による損害賠償請求、得意先への専売料返還および損害賠償請求、景品メーカーの瑕疵による損害賠償請求、得意先倒産による債権回収策否認、得意先訴訟への従業員証人喚問支援
・過去経緯および事実確認の調査、委任弁護士の選定
・訴訟対応書類の準備、裁判期日の立ち会い、裁判記録の管理
・社内関係部署と弁護士との連絡・調整、弁護士との書類作成打ち合わせ
・和解案の社内検討・稟議立案

(2)契約・文書の作成・検討業務
継続的商品売買契約書、専売契約書、各種協賛契約書、業務委託契約書、資材取引契約書、不動産賃貸借契約書、金銭消費貸借契約書、貨物寄託契約書、秘密保持契約書、株式譲渡基本合意書、根抵当権設定契約書、売掛金回収催告書(内容証明)、各種委任状等
・企画・立案
・契約交渉への参加・担当者へのヒアリング
・契約書作成・審査・管理・監査

(3)法務相談
・民・商(会社法)・刑・独占禁止法(下請法・景表法含む)関係、債権保全・回収
・労働法、知財法関係(一部)
・法務情報の社内PR・社内法務教育(法律改正・新判決など)

(4)株主総会・取締役会関係
・株主総会の準備・運営、招集通知作成
・株主総会・取締役会の議事録作成担当

(5)投資・合併・分社化・子会社設立関連
・業務提携による新会社を東京、九州、沖縄地区に設立
・会社買収が不調に終わり、代わりに100%子会社を設立
・仙台にある会社買収。同社株券紛失による公示催告および除権判決手続き実施

(6)コンプライアンス・リスクマネジメント関連
・マニュアル類(管理者向け法務知識、営業向け法務知識、印紙税、小口債権回収)作成
・営業向けコンプライアンスハンドブック作成
・全社リスクマネジメント対策及び子会社のコンプライアンス指導
・個人情報保護委員会事務局
・会社法施行による内部統制システム、会議付議ルールの策定

(7)その他
・全社損害保険業務および全社安全運転推進担当
・全社災害対策担当　・特許意匠申請担当
・会社資産管理担当(不動産、会員権)　・規定・文書(帳票)・リース管理業務担当
・責任権限規定の見直し(電子稟議検討)

転職経験者の職務経歴書

職務経歴書

【職歴概要】

10年間にわたり法務関連業務を担当、多くの契約、コンプライアンス対応リーガルコンサルティング、知的財産関連業務、訴訟対応等に従事しております。

大学卒業後、法務関連のキャリアを目指し、契約部での職種別採用を行っていた○○株式会社に入社し、契約査定およびセールスのコンプライアンス関連業務に約3年間従事しました。その後、知的財産権に関心を持ち、○○株式会社の知財法務部に入社、著作権ライセンス管理等、多くの民事・刑事訴訟を担当いたしました。その後、ビジネスに直結する現場での法務を志し、○○株式会社の法務部において約7年間、契約、プロジェクト等への法務アドバイス、訴訟対応、リーガルトレーニングの業務に従事いたしました。

その際、国際取引交渉等の実務の現場で、国際法の知識不足及び、弁護士資格がない状態での不都合等が生じたことをきっかけに、自費で米国ロースクールの修士号およびニューヨーク州弁護士資格を取得しました。多くの費用と時間を費やしましたが、家族及び会社の応援で何とか乗り切ることができました。今では自分の仕事に幅と深みが得られた大切な投資であったと感じております。

今後は、経験と知識、米国弁護士の資格を活かすことができ、更に法務キャリアを磨くことができる環境での就業を希望しております。

【資格等】

●ニューヨーク州弁護士
●司法試験短答式試験合格
●TOEIC 900点

【PCスキル】

Word、Excel 、PowerPoint　ビジネス使用

【長所とバリュー】

・学ぶ力ー国内外の法律の知識、事例、英語などを貪欲に学ぶ姿勢を持つ
・コミュニケーション力ー関係各所との調整、連携をし、問題を解決する
・文書作成力ー最小限の言葉と表現で簡潔に伝える

POINT

起ー転職経験があるため、まず何をやってきた人であるかを掴んでもらい、そのキャリアを構築するために現在までどのように努力してきたのかを表現する。

POINT

承ー法務部で働くことを大学から決めていることをアピール。そこからの経験をざっと言及。

POINT

転ー企業法務で勤めるだけなら弁護士資格は不要であるが、国際交渉の場では必要。海外では弁護士が法務業務をすることが当たり前であることを業務を通じて痛感している。

POINT

結ー弁護士資格を活かしたいということは、次の職場は弁護士資格を必須としている外資や大手がイメージできる。投資した金額を回収するためにもこの人は転職が既定路線。

POINT

司法試験には合格していないが、基本的な法律知識が担保されている、という証明は出来る。

POINT

法務などの専門職は、知識労働なので、学ぶ姿勢は必須。また、相手を動かす力、文書作成能力は必要なので、敢えて職業適性があることに言及している。

POINT
直近の仕事をアピールしたいので、分量を多くしている。現在から過去へ遡るバージョン。

POINT
法務関連業務を幅広く経験していることをアピール。T字型キャリア。
初めは契約業務、2社目で知財関連、3社目で法務全般。

POINT
本来は全体の業務割合とどの程度の契約書数をこなしているのかを記載したい。

POINT
知的財産関連業務が中心のキャリア。契約業務に加え、知財経験が積み上げられた。

POINT
契約書は法務部の基本業務。保険会社では守備範囲が狭いと感じている。

【職務経歴】

〇〇株式会社　2013年10月～現在
◆事業内容：ゲームソフトの企画・開発・製造・販売
法務部に配属
(1)契約書関連業務(起草、審査、交渉、管理)国内外
主な契約書(ライセンス契約、売買基本契約、各種業務委託・請負、
　　　タイアップ、代理店契約、OEMなど)
(2)各種法務相談業務
　　マーケティング、宣伝、販売へリーガルアドバイス
　　独禁法(景表法、下請法含む)、特商法、消費者契約法、個人情報保護
(3)知的財産関連業務
　　商標権、意匠権出願、米国著作権登録など
(4)海外および国内の訴訟対応
　　・香港、中国、シンガポール、マレーシア、フィリピンにおける刑事訴訟
　　・海外子会社によるUK、ドイツにおける民事訴訟支援
　　・国内での善管注意義務に基づく損害賠償請求訴訟
(5)社内向け法務トレーニングの企画および実施

〇〇株式会社　2010年12月～2013年9月
◆事業内容：ゲーム、音楽、書籍出版、映画製作など
法務部に配属
(1)音楽著作権ライセンスおよびその他契約書の作成、審査、交渉、管理
　取引先企業とのライセンス交渉
(2)商標権出願・中間処理・管理、商標紛争処理およびライセンス
(3)法令調査、ロビイング活動および官公庁・業界団体との折衝
　　・著作権法30条改正、還流防止措置の立法活動に寄与
(4)海外および国内の民事・刑事訴訟・紛争対応
　　・発信者情報開示請求訴訟、著作権侵害訴訟など
　　・警察組織と連携し、著作権侵害刑事立件に成功

〇〇株式会社　2007年4月～2010年11月
事業内容：損害保険事業
本社契約部に配属
(1)保険契約書の審査・査定、管理
(2)保険契約書・約款の作成・改定業務
(3)コンプライアンス監査・教育業務

脚色できる「過去」は話半分に見られている

久間 面接官はどの程度職務経歴書を重視するのでしょうか？ 先日面接に行った友人が、「面接官は俺の職務経歴書を一切見ていなかった！」と激怒していました。詳しく聞いてみると、職務経歴書に記載してあることばかり質問され呆れてしまった、ということでした。思わず、「職務経歴書に書いてある通りです！ と言ってやった」と怒っていました。

永楽 なるほど、面接官が職務経歴書に記載していることを聞いてくることに不信感を覚えたのですね。たしかに面接官によっては、職務経歴書は一切読まず、求職者と面接し、会話の中で合否を決めていく人がいますが、基本的には目を通していると考えたほうがいいと思います。面接官も、自分の仕事の時間を削って面接をするのですから、会いたくない人は除外しているはずです。

久間　たしかにそうですね。限られた時間を無駄に使うほど、暇ではないはずですね。

永楽　面接に行くときは、面接官の貴重な時間とチャンスをもらっている、と考えるべきです。あくまでも採用面接なので、謙虚な気持ちが基本です。

久間　それでも職務経歴書を読まない面接官もいるということですよね？　なぜ読まないのでしょうか？

永楽　理由はいくつかあります。まず、先入観なく求職者を見極めたいと考えている場合、時間がなくて他の人に書類選考を依頼している場合、そして職務経歴書など見ても仕方がないと考えている場合、ですね。

久間　ちょっと待ってください！　3番目の理由の意味がわからないのですが、なぜ見ても仕方がないと考えている人がいるのでしょうか？

永楽　その面接官の経験によりますが、簡単に言えば、人の過去は便利に変えることができるからです。**職務経歴書に書いてあることは嘘ばかり、**と断定しているのです。

久間　なんと失礼な！　経歴詐称をしていると決めつけているということですよね？　もしそうだったら、友人が怒るのも無理はないですよ。その面接官はとても失礼な人だったということですね。

永楽　そうとも限らないですよ。なぜ嘘ばかりと断定しているのかと言えば、そういう求職者が過去にいたからです。求職者すべてが正直に職務経歴書を書いているわけではないのです。

久間　えー、嘘つきの求職者が多いということですか！　自分のことを偽ってまで面接をすることなどあり得るのですか？　そしてそれは許されるのですか？

永楽　まず、あり得ることだと断言します。そして許されるかどうかについては、結果で判断すべきと思います。もちろん、経歴詐称の類いになると、内定取り消しなどの処分を受ける可能性があるので、明らかな嘘は書けません。しかし、職務経歴書の嘘については、嘘と断定できないことが多いのです。

久間 職歴について嘘かどうかが断定できない、とはどういうことでしょうか？

永楽 たとえば、チームリーダーとしてある業務に取り組んで、売上を２００％向上させた、という記述があったとき、２００％向上したことは事実かもしれませんが、その人が主体的に取り組んだかどうかは不明です。１から10ある仕事の１つか２つしか携わっていないかもしれないけれども、成果として上がっているので、さも自分の手柄のように書くのです。

面接官は単純にそのことを受け入れ採用してしまうと、入社後大怪我をしてしまいますね。どの程度携わったのかを見極めるには、本人の口から語ってもらうことが一番と考えるのです。

久間 たしかに誇張して記載する人はいますよね。これだけのことを一人でやったのか、と疑われるということですね。

永楽 過去は求職者本人の頭の中にあり、都合よく作られているので、面接官は１００％信じていない、ということです。

久間　そうすると、面接官が斜めから質問してくるときは、検証作業を行っていると考えればいいのですね。

永楽　そうです。職務経歴書に魂を入れて作っていれば、面接官からのあらゆる口撃にも対応できるはずです。この話から、友人が思わず言ってしまった「職務経歴書に書いています」という言葉は余計だったということがわかると思います。

面接官は「知っているよ、だけどあえてあなたの言葉で聞きたいんですよ！」と心の中で呟いていることでしょう。

久間　そうすると、友人は面接NGですかね？

永楽　たぶん、NGだと思います。

面接官目線を意識する

久間　面接官は職務経歴書をある意味、参考程度にしか見ていないということは理解しました。そうすると、どのような意識を持ちながら作成すれば良いでしょうか？

永楽　職務経歴書に書いてあることを元に、面接で検証作業をするのですから、検証されてもいいように作るべきです。そして、ストーリー性を意識して、ポジティブな自分を演出する必要があります。

久間　ストーリー性を意識したポジティブな自分、ですか。なんだかよくわかりません。

永楽　物事を決めるとき、ポジティブな自分とネガティブな自分は同居するものです。長所と短所が表裏であることと似ています。仕事には慎重である、ということは、仕事が遅い、とも言えますよね？　どちらの表現が良いかは明らかです。同じことでもなるべくポジティブな表現を意識して作成することが大切です。

久間　ポジティブな表現ですか。たとえば、どのようなことが挙げられますか？

永楽　たとえば、転職経験がある人が辞めた理由を語るとき、次の目標のために新たなステージにチャレンジしたいと語るか、上司との不和や企業業績などを語るのかでその人の印象が大きく変わってきます。

久間　転職するときは、嫌なことがあるからと思うのですが。それを正直に伝えることは問題ないと思います。

永楽　それは面接官もわかっています。上手くいっていれば転職など考えませんからね。それでも、ネガティブな話ばかりされると、ちょっと食傷気味になります。「まあ、同情はするけど、うちも同じようなもんだよ」という印象を持ちます。求人企業はボランティア活動をしているわけでも、不満の受け皿というわけでもないということを忘れてはいけません。

久間　その通りですね。ポジティブシンキングの人のほうが良く映りますよね。ものは言いようですが、そのような意識を心がけるのですね。では面接官目線を考えると、常にポジティブなことばかり話し、ネガティブなことは一切言わない、ということですね。

永楽　そこも厳密に言うと違います。職務経歴書上はポジティブな表現を心がけますが、面接となると、どんなことでもポジティブがいいか、というと、それもまた嘘っぽい人と思われる恐れがあります。

久間　うーん、たしかにその通りです。ではどうしましょう？

永楽　たとえば転職理由を語るときは、理由は3つある、とします。1つ目、2つ目はポジティブな理由で、3つ目にネガティブな理由を入れる、という感じですね。

転職理由　法務担当の場合
・現在取り組んでいる仕事は契約書業務だけ。幅広い法務経験を積みたい
・現在、知財関連に興味を持ち、資格も取得した。今後は実務経験を積みたい

・法務部の役割が小さくなり、上司も法務未経験で理解が低い。成長が見込めない環境

このように、ポジティブ、ポジティブ、ネガティブみたいな構成であれば面接官も「そうだよね、普段から課題意識を持っていても、環境が悪いともったいないよね。うちだったら、法務部の役割も高いから、チャレンジできる環境だよ」と感じてもらえます。

久間　なるほど、たしかにその人の想いを感じることができますね。普段から前向きに努力している姿が想像できます。そんな努力をしている人を活かせない環境は変えたほうがいいと私も思いました。

永楽　求人企業には問題点がある、というお話は以前したと思います。問題解決できる、意欲がある人材を採用したいと思っているので、面接官には良く映るのです。

経験と実績を意識する内的キャリアと外的キャリア

久間 ストーリー作りがしっかりとできれば、あとは何を意識しましょうか？

永楽 ビフォー・アフターですね。以前も言及しましたが、ただ単純にやってきた経験を並べておくだけでは、事実の羅列の域を超えません。そこに変化を書く必要があるのですが、自分が取り組む以前、取り組んだ後、というビフォー・アフターがあると変化がわかりやすくなります。

久間 そうでしたね。変化について記載することで、成功期待感が持てるということでした。

永楽 キャリア理論にある、シャインの提唱する「外的キャリア」と「内的キャリア」を意識してみましょう。

外的キャリア＝その人が経験した仕事内容や実績、組織内での地位などの意味
内的キャリア＝職業生活における歩みや動きに対する自分なりの意味付け

内的キャリアは外的キャリアの基礎となるものとして捉えます。自分らしいキャリアを実現するための手がかりを得ることが意識できます。

久間　キャリア理論でも裏付けられているのですね。自分の歩んだ道を知る作業を行い、自分という人間は、仕事で何を成し得てきたのかが整理できますね。

永楽　これは言葉だけでなく、数字で表現する必要があります。営業であれば売上、利益、達成率は記載する必要があります。管理部門も、取扱件数、コスト制限、実績などに言及します。数字に表れれば、客観的評価ができるので、良い判断をすることができます。

久間　数字についてですが、初日にもお話しした通り、当社は業績不振で売上が激減しています。私の営業成績も厳しいので、評価されないのではないかと懸念しています。

永楽　数字はしっかりと書くことです。嘘はいけません。営業成績が下がっているのであれば、その原因分析をしっかりと行います。それが個人の努力だけでなく、組織の問題であれば、その点をしっかりと語ることができればいいのです。これもストーリー作りの一環です。

久間　なるほど、数字が下がった事実について、面接官が納得できれば大きな問題にならない、ということですね。

永楽　求人企業も失敗したくないですからね。なぜ求職者の現在が上手くいっていないのかを知りたいと思います。そして原因が本人に起因するものでなければ、問題ないと考えます。

長所は裏付けるエビデンスと短所は改善すべき課題とともに語る

久間　先ほどのストーリー作りで出た長所と短所についてですが、長所をしっかりと書き、短所は書かないほうがいい、ということになりますか？

永楽　職務経歴書には書かないほうがいいですが、面接時、特に人事面接では、好んで長所と短所を語らせる人がいますので自覚しておく必要があります。**短所が語れない人は、課題意識がない、チャレンジしていない、**ということになるので、その点は意識しておくべきでしょう。

久間　短所と答えるのではなく、課題という表現にすればいいということですね。

永楽　そうなりますね。以前面接の同席をしたとき、短所を尋ねられた求職者が「飽きっぽいところです」と答え、ヒヤヒヤしたことがありました。面接官は「飽きたらまた辞めるのか？」と考えます。正直に答えすぎた事例でした。

久間　飽きっぽいはダメですね（苦笑）。でも、意識しておかないと知らずに使ってしまいそうです。

永楽　**長所ばかり言うとウソっぽいですが、短所を正直に言うと心象が悪い。**面接は生き物みたいなものですから、答え一つで流れが変わります。負の流れに変わるときはほとんどの場合、準備不足に起因しています。

そうならないため、長所・短所は職務経歴書の段階でしっかりと掘り下げ準備しておく必要があります。

長所を裏付ける理由

・約束は守る→計画を達成してきた実績など具体性をアピールする
・コミュニケーション力がある→人を思い通りに動かしたエピソードなど
・打たれ強い→ストレス耐性や困難な場面を乗り越える力

・明るく前向き→少々のことは気にしない、ポジティブシンキング、落ち込まないなど

短所を長所へ変換することと、課題として意識する作業
・優柔不断→慎重で繊細。ダブルチェックなどを習慣付けている
課題：仕事が遅いなどの評価があるため、多くの事例に取り組み経験を積む
・頑固・人の言うことを聞かない→強い信念を持ち、他人の意見に左右されない
課題：報告相談がないという評価を受けるため、いろいろな人を巻き込み組織として対応する
・飽きっぽい→いろいろなことに興味を持つ性格。好奇心旺盛
課題：好きなことしかやらない懸念があるため、何事もやってみる、と考え取り組む

久間　たしかにものは言いようだな、と思いますね。短所も自覚した課題と言い換え、改善する努力をアピールするか、素直で謙虚な姿勢で克服しようとしていることが評価されるのですね。

永楽　面接官は、求職者が自分をどの程度知っているのかを聞きたいのです。弱点や課題を知らない人は、成長しないと考えます。謙虚で向上心がある人は、たとえ未熟であっても育ててみたい、と思うものです。

一つの職務経歴書を使い回したほうがいい理由

久間　ストーリー作りを意識して作成するにしても、自分のキャリアに一貫性がない箇所があった場合、矛盾が生じてしまうと思うのですが、その点はいかがでしょうか？

永楽　以前もお話ししましたが、**目標は変化する**ものです。子供の頃からの夢を実現できる人はほんのわずかです。

プロ野球選手になろうと思う子供は多いですが、実際になれる人は一握りです。体力の問題、技術の問題、体格の問題、金銭面の問題、いろいろな要素が複雑に絡み合って現在ができ上がっているはずです。

キャリアも同じです。自分の力だけでは解決できないことが多いという話もしました。選んだ仕事に適性を感じなかった、その仕事では稼げない構造だった、などいろいろな事情がありますので、そこを踏まえたストーリー作りをすればいいのです。

久間　たしかに目標は変化しますよね。それがトランジションだったりするのですね。

永楽　いい感じで理解が深まっていますね。ただ何となく無理だと思い諦めた、上司が嫌だから逃げるように転職した、売上ノルマが達成できず、何となく居づらくなったなどといって、思慮浅いイメージを持たれないよう、作り込む必要があります。目標が動くことは当たり前です。そのときにどう悩み、考え、行動したかが大切です。

過去、現在、未来を意識する

永楽　そして職務経歴書は、面接を強く意識して創り上げますので、ストーリー作りが大切となります。まず次ページの図を見てください。面接は過去、現在、未来、という流れで進んでいきますが、おおよそ面接官の目的はこのようになります。

① 自己紹介＝求職者の過去を知る（学業、経験、スキルなど）
② 志望動機＝なぜ面接に来ているのかを知る（過去の経験から適性を推察する）

面接の進み方

貢献できること

就業後の成功期待感を考える

（問題点解決やどのような変化が起こるのかを考える）

志望動機

なぜ面接に来ているのかを知る

（過去の経験から適性を推察する）

自己紹介

求職者の過去を知る

（学業、経験、スキルなど）

③ 貢献できること＝就業後の成功期待感を考える（問題点解決やどのような変化が起こるのかを考える）

久間　過去からの流れで企業の求めている人物像に合致するのかを推察するのですね。そう考えると、応募する企業ごとに、職務経歴書を変えていかなければいけないと思いますが、それも大変な作業と思います。

永楽　いいえ、職務経歴書を変える必要はありません。これまでもお話ししてきましたが、中途採用では、自分がやりたいこと、やってきたことがベースにあります。職務経歴書はプロフィールですから、自分のことをしっかりと書けばいいのです。

そして自分の経験が活かせ、将来取り組みたい仕事を決め（的を絞る）、その該当する案件のみにチャレンジすればいいのです。その際、応募企業によって若干の加筆修正は必要になるかもしれませんが、基本は**同じ職務経歴書を使い回す、**ということです。

久間　そうでした、やりたい仕事だけにチャレンジすれば、自分の希望を大きく外すこともないので、キャリアダウンすることは少ない、でしたよね。

どうも、同じことを聞いているようで、お恥ずかしい限りですが、気持ちが不安になるので、目的を履き違えてしまいました。

永楽　全然気にしないでください。ほとんどの求職者も同じような行動をしますので。だから、**私は何度も同じ話をさせてもらいます**。人間は弱いので、転職活動という大きなイベントでは、いつも心が揺れ動きます。

心が揺れるものだ、という自覚があれば、初心に戻ることができますが、自覚がないと、いつの間にか流されてしまいます。私はこれまで数え切れないほど、多くのパニックになった求職者を見てきましたからね。

久間　いくら冷静な人でもパニックになってしまうということですか？

永楽　それくらい、転職活動はタフです。この図を見てください。右側のラインは、自分の居心地のいい場所に安住した結果、人はどうなるのか、ということを表したものです。自分の現在価値を検証せず、何となく仕事をこなしてきた人には危機感がありません。危機感がありませんから自分を変える努力もしません。

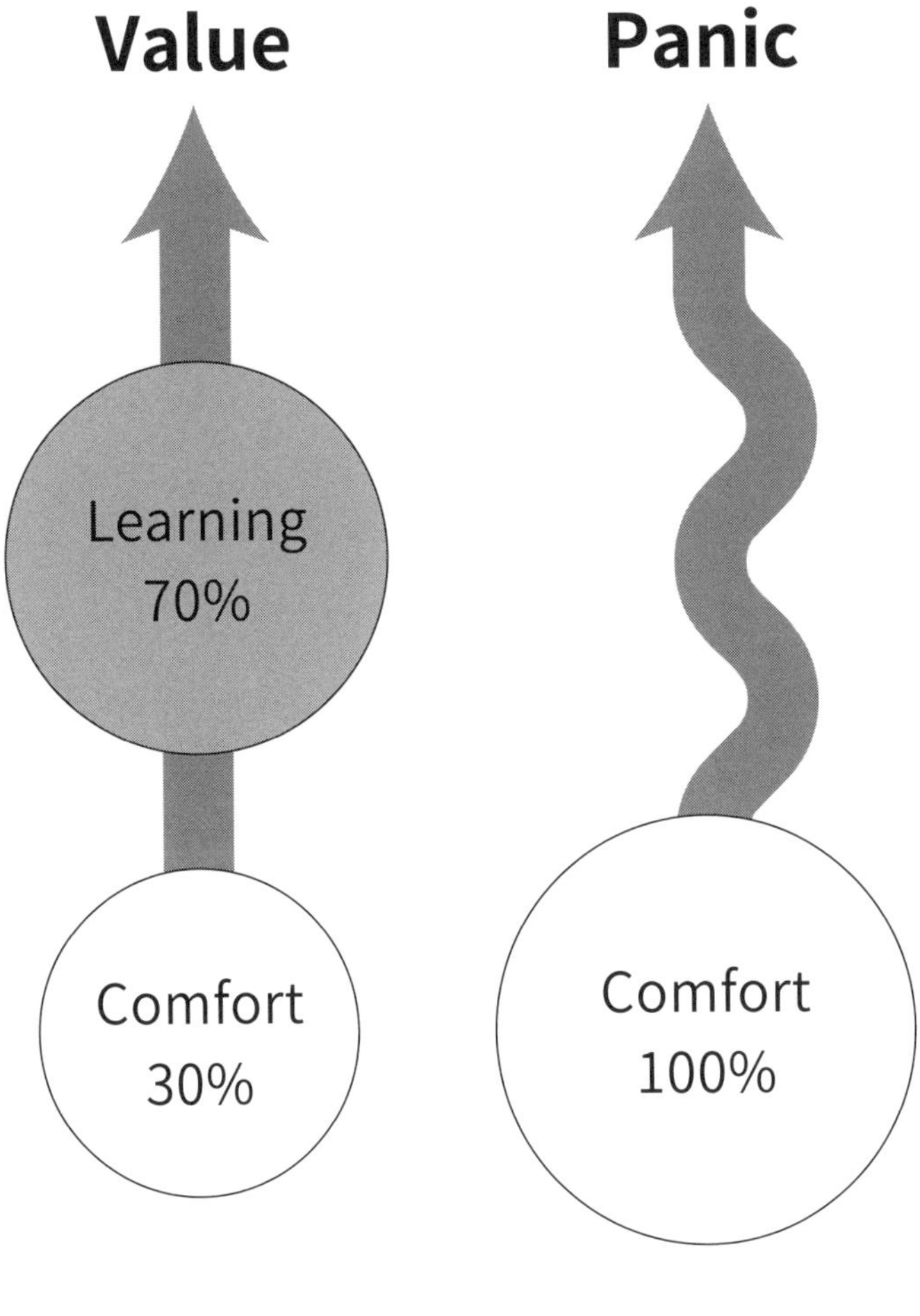
Value
Panic
Learning
70%
Comfort
30%
Comfort
100%

居心地は当然良いですが、いざ業績不振等の変化が起きたとき、対応できるだけの準備ができていませんから、ほぼ大きな確率でパニック状態になってしまいます。

左側のラインは、居心地の良さも感じつつも、努力をすることを怠らなかったケースです。ある程度の危機感を感じていたほうが人は成長できる、と解釈できます。自分の現在価値を疑っていますから、努力を怠りません。準備をしていれば、不測の事態のときや、チャンスが巡ってきたときの変化に対応することができます。

「最後に生き残る者は、最も強い者でも最も賢い者でもなく、最も変化に対応できた者だ」というダーウィンの言葉もありますよね。

久間　それでもしっかり対応できるのかどうかの不安は拭えないですね。そう考えると、転職活動は孤独な戦いですが、変化を感じるための努力と自分を励ましてくれるような応援団も必要ですね。

自分に合ったコンサルタントやコーチなどを探しておくことは、冷静な判断に引き戻してもらうためにも必要なことですね。

記載すべき資格、書かないほうがいい資格

久間　次に資格について伺いたいのですが、自分をどう見せたいかを意識すれば、記載不要な資格があると思います。その点はいかがでしょうか？

永楽　その通りです。国家資格系であれば、仕事に紐づいていなくても、過去の努力として記載する戦略は有りだと思います。ただ、その資格を記載してしまったがゆえ、自分がやりたいと思わない部署に配属される恐れがありますので、注意が必要です。
　たとえば、簿記や会計士の資格などは経理に有利ですが、他部署の希望が高い場合は、あえて記載しないという選択もあります。人事をやりたくない人が社労士資格を記入するのも危険ですね。

久間　取得した資格はなるべく書く必要がある、と以前転職本で見た覚えがありますが、そういうわけではないのですね。

永楽　はい。書く資格は戦略的に判断したほうがいいでしょう。また、過去よりもスキルが落ちたもの、たとえば、以前はTOEICで800点のスコアだったが、現場から離れることで600点台まで下落した、という人は、過去の成績を記入すればいいと思います。

久間　でも、取得年月日が古すぎるとさすがに良くないと思うのですが。

永楽　ここも資格取得の目的がぼやけるポイントです。企業はTOEICの点が高いことと、英語を使ってコミュニケーションが取れること、どちらを重視すると思いますか？　明らかに後者でしょう。

以前、TOEIC990点満点の方と面談したことがありますが、全然英語が話せない人でした。このようなこともあるので、TOEICはある程度の目安に過ぎないというのが転職マーケットの判断です。

久間　なるほど。TOEICスコアが書いてあったとき、ある程度の英語力は想像できるけれども、実際に使えるかどうかは確認するということですね。そうするとたとえ古いスコアであったとしても、今現在はコミュニケーションが取れるのか、仕事で使えるのか？　という視点で判断されるということですね。

永楽 英語力が問われる求人案件であれば、必ず筆記試験や面接で検証されますから、結局同じことです。面接時に確認されることに不安があるならば、英語力についてはあえて言及しないほうがいいかもしれません。

久間 使い分けることも大切、ということですね。

6

面接という戦場で勝つための戦術

応募先は「転職の目的」で選択と集中を

久間　これまでいろいろと自分について知る作業、やりたいことは何か、強みは何か、などについて学んできました。これから企業応募について考えたいのですが、先日大手紹介会社に登録に行った友人が、とてもたくさんの案件を紹介されたようでした。たくさんの案件を紹介されるといよいよ始まるという気持ちになります。

永楽　リクルートエージェントやパソナキャリアなど大手紹介会社に行くと、一度の面談で30案件くらい紹介されますからね。たくさんの案件があると、選択肢も多く見つけることができ、第二新卒と呼ばれる人たちにとっては、多くのメリットがあると思います。

久間　第二新卒もそうですが、私たちのような30代前後にもいいと思います。やはり多くの選択肢があると、自分の可能性が見えてきて高揚します。

永楽　うーん、それは難しいところですね。そもそも第二新卒の職業選択と経験者のそれとではまったく仕事に対する評価や取り組みが違います。今まで学んできたことをもう少し深く考えていく必要があります。

久間　セルフブランディングの必要性も理解しているつもりですが、第二新卒も30代前後も、もっと言えば、それ以上の年代の人も、多くの選択肢があったほうがいいのではないでしょうか？

永楽　第4章でも紹介した次ページの図を思い出してください。年代別の転職難易度について表したものですが、若い人は裾野が広く就業機会も多いですが、年齢を重ねていくことで求められるレベルが上がり、難易度も上がるのが基本です。それは求められるものが、スタッフレベルからリーダー、管理職レベルへと変わっていくからでしたね。
30代以降になると、多くの案件を応募するのではなく、自分の理想とする案件のみ応募するという姿勢へ切り替えなければいけません。

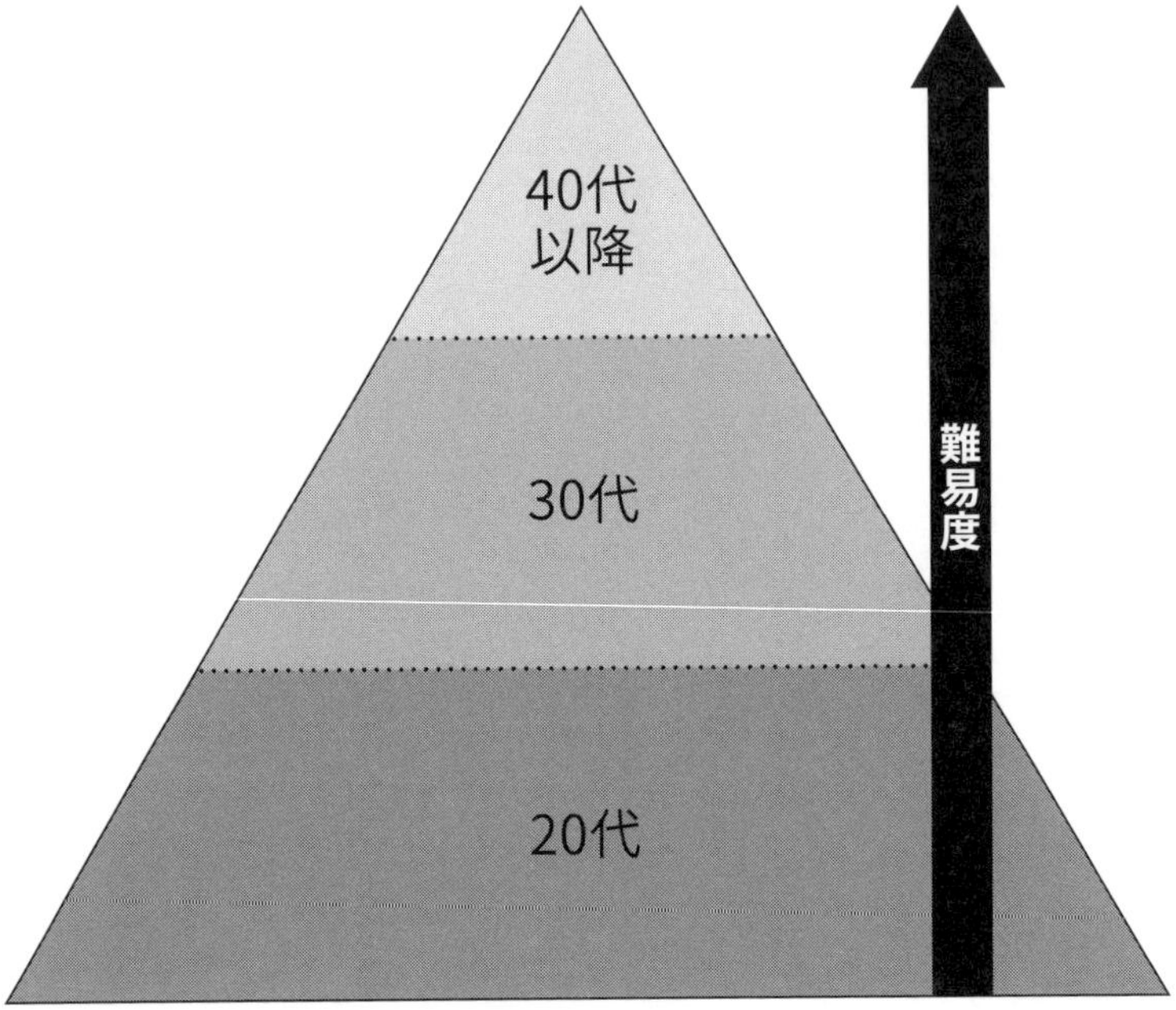
40代
以降
30代
20代
難易度

久間　たくさんの選択肢があるからと言って、自分がこだわるキャリアが得られなければ意味がない、ということですね。

永楽　それもありますが、30代以降になるとキャリアの選択肢が絞られてくるので、敗戦率も上がってくるのです。その状況を踏まえず、数多く応募してしまうと、とてもたくさんの企業からＮＧの連絡を受けることになります。人間、否定されると傷つきますからね。

久間　多くの企業に応募しても、ＮＧの連絡が増えるだけ。そんな状況を考えるとゾッとしますね。「お前は必要ない！」と言われているように感じます。

永楽　だから**「転職の目的」**が大切です。この目的をしっかりと掲げない限り、仕事選びの軸が曖昧になってしまいます。

転職をすることが目的となった瞬間、積み上げたキャリアが崩れて、**また一からやり直しとなります**。それではいつまで経っても評価が上がりません。評価が上がらないと地位も給与も上がらず、やがて誰からも評価されなくなります。

久間　何を選択するのかを見定めた上でそこに集中する、ということが大切ですね。

永楽　第二新卒はいわば、自分の適性を探すことが許されている年代です。新卒で入社した会社は限られた情報で選択した結果ですから、適性を感じなかったときはリセットすることも許されますし、時間的余裕もあります。

しかし、30代以降はキャリアを積み上げ、他者から評価されるための努力が大切となります。そのため自分を磨く作業をすることで**「積み上げた感」**を得ることができるのです。

久間　では、30代以降ではキャリアをリセットすることはできない、ということでしょうか？

永楽　できないわけではないですが、ものすごく苦労します。安定飛行をしている飛行機は少ない力で遠くまで飛び続けることができますが、低い軌道から安定飛行に戻すためには、大きな力が必要になります。自分をリセットするよりも、現状を改善し、向上させるほうが大きな成果を得やすいでしょう。

新たな領域にチャレンジする条件

久間　そうすると、仕事の経験が少ない人にとっては、数多く応募することは有効な手段となりますか？

永楽　次ページの図を見てください。今までのキャリアが低調と考えた人が、キャリアチェンジを模索したときをイメージしたものです。順調なキャリアは成長を感じられますが、低調なキャリアは、本人が望むような結果が得られていません。そこで転職を考えるタイミングで掛かる負荷が変わってくるのです。

久間　この図から考えると、キャリアの修正は若いほうが小さい力で軌道修正しやすい、ということがわかります。そう考えると、30歳くらいがギリギリと言うことなのでしょうか？

永楽　たとえば23歳で経理の仕事に就いた人は、30歳でキャリア7年となります。かたや30歳で経理がやりたい人がいます。転職マーケットで評価されるのは、キャリア7年の人とい

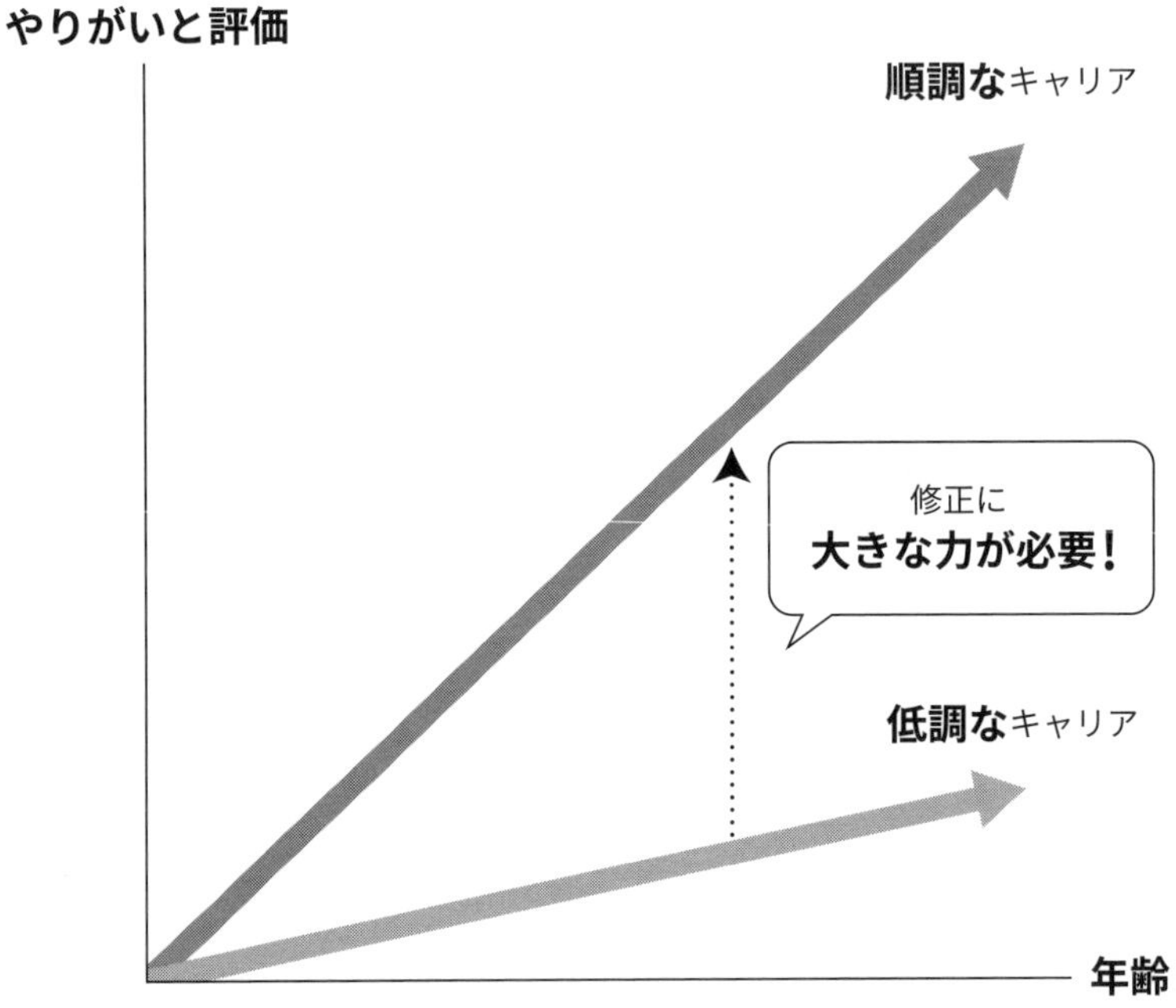
やりがいと評価
順調なキャリア
修正に
大きな力が必要！
低調なキャリア
年齢

うことはわかりますよね？　そこで経験が少ない人がどうすれば経理の仕事を得ることができると思いますか？

久間　経理だったら、資格関係ですか？　絶対的に経験値が足りないわけですから、技量を磨くことで何とか評価を得ることを考えるべきでしょう。

永楽　そうですね。しかしながら、どう考えても7年の経験者には敵わないのです。それをわかった上で取れる戦略が、たくさんの応募を行い、少しでも自分を評価してもらえる会社を探す、ということになります。経験がないので、給与面は妥協しなければいけませんが。

久間　なるほど、案件数に頼る転職活動は、このような戦える武器が少なく、仕事を得るために給与にはこだわらない人が行う戦略ということですね。逆に言えば、しっかりと自分の強みややりたい仕事を固めると、数を求める必要もない、ということですね。

永楽　自分が今回どのような目的を持ち、転職活動を始めるのか、その中で必ず手に入れたいことは何かなどを考え、その希望に合った案件のみに応募することを忘れないようにしてください。

応募案件は6件程度が目安

久間　そうなると、経験職種での応募件数はどの程度が理想と考えますか？

永楽　同時進行で応募する案件は、**6件程度を目安にしたほうがいい**と思います。一見少ないと思うかもしれませんが、ある程度的を絞っているので、書類通過率は上がるはずです。この精度の高い状態で6案件以上応募してしまうと、面接日程の調整だけで大変なことになります。

現職を続けながらの転職活動は結構大変です。仕事にも身が入らなくなりますし、応募企業の面接対策も疎かになってしまいます。希望する仕事を得るための面接パフォーマンスに悪影響を及ぼさない数、それが6件程度と考えます。

久間　6案件程度ですか。おっしゃる意味はよくわかるのですが、ある調査によると書類通過率は**大体10％以内**と言われています。10社応募したら1社しか書類が通過しない計算になると、やはりもう少し応募したほうが良いと感じるのですが。

永楽　今までのセッションで、自分のこと、転職マーケットのこと、そしてどう対策すればよいかを学んできましたよね？　数多く応募することに意味がないこともお話ししていますよ。行きたくもない企業に応募する必要はありません。

不安になるのはわかりますが、応募数を求め、**無駄にミスマッチな求人案件に応募して、落選して焦ってしまうという現象を極力避けたい**のです。応募したい求人案件に注力する、これが正しい転職活動です。

久間　それでも6件は少ないと思うのですが……。

永楽　私がヘッドハンターだったときの教えに、一人の求職者に対して、6件の求人案件を紹介しなさい、というものがありました。**選択と集中の結果絞られた6件であれば、選考は必ず進むという経験値**から弾かれたものです。そしてその通りの結果が得られていました。

キャリア理論からみても、自己効力感を得るためには、小さくても成功体験を重ねることが大切でしたね。それがやがて自信に繋がり、満足のいく結果を得る道筋となるのです。何度も言いますが、**転職はできるだけポジティブな気持ちで臨んでほしい**と思っています。

久間　応募企業を絞るのはわかりました。では自分が希望する求人案件が、6件にも満たなかった場合、出揃うまで待ったほうがいいのでしょうか？

永楽　そういうことはありません。的を絞るということは、**応募しない案件を決める、**ということでもあるのです。そうすると、多くの案件で応募しない、という選択ができるはずです。それはターゲットを絞ったからこそ起こった現象なので、あまり気にする必要はありません。絞った結果、1社とか2社しか上がってこなかった場合でも、その企業へ応募して大丈夫です。

出揃うまで待つ、と言っても、出揃わないかもしれませんし、出揃った頃に応募したかった案件がクローズしてしまうこともありますからね。

数を競わず理想の会社1社から内定が出ることだけ考える

久間　中途採用は、1社、2社での選考で決めなければいけないということですか。もっと他も見てみないと判断ができないと思うのですが。

永楽　絞った案件に応募して出た結果であれば、自分自身にマッチングしている可能性はとても高いので、あまり不安に思う必要はありません。恐らく面接のときも、お互いいい印象を持ちながら話すことができるはずです。そしてそもそも、**体は一つなので、選択肢も一つ。不要な情報はなくてもいい**と思います。

久間　絞った上での応募なので気にしすぎることはない、ということですね。でも、どうしても内定が多く出るほうが転職するには良い効果を生むように思うのですが。

永楽　中途採用で重要なことは、**内定の数を競うものではない、**ということです。せいぜい3つ程度での比較にすべきです。それ以上になると逆に決められなくなります。

久間　私は、3つ程度で決められなくなることはありません。多くの選択肢から決断をしたいと思っています。

永楽　以前も伝えたと思いますが、どんなに冷静沈着と言われている人でも、転職ではかなりパニック状態になります。たとえば内定が3つある人の選択肢はいくつあるでしょう？4つですよね？　どこも選ばない、という選択肢も加わりますからね。

一つを選択するということは、3つを捨てる、ということです。選択肢が多いことで冷静になれず、一番希望とは遠い企業を選択する事例を過去何度も見てきましたからね。

久間　6つ応募しても、面接の段階で希望を厳選していく、ということですか？

永楽　面接をして明らかに合わない企業があれば、無理に進める必要はありません。それよりも自分の希望する企業へパワーシフトすべきです。内定を比較するためには複数あると理想ですが、多すぎてはかえって判断が難しいということです。

久間 求人案件を厳選した結果、理想とする企業に落選してしまったらどうするのでしょうか?

永楽 それは簡単なことですよ、**次のチャンスを待つ**、これのみです。これまでずっと学び、取り扱ってきたテーマは、**転職は手段であり、目的ではない**、ということです。そのことをしっかりと心に刻んでほしいのです。

自分が現職の地位や人的資産を捨ててまでもチャレンジしたい案件のみに応募するのです。現在よりも良いこと、すなわち、**どうしても手に入れたいこだわりを得てこそ、初めてキャリアアップする転職ができる、**と自分自身に言い聞かせる。

それが、仕事内容なのか、会社規模なのか、給与か、地位か、勤務地なのか、成長企業で活躍することなのか、それぞれあると思います。**それらが得られない転職は、そもそもすべきではない**のです。

久間 それが第1章でおっしゃっていた、**転職で何を得るのか、**ということですね。このように伺うと、転職活動は時間が掛かりそうですね。自分が欲しいと思うキャリアを提供してくれる会社が、自分の都合で現れるとは限りません。じっと待つしかないのでしょうか？

永楽　そう、待つのみです。若い頃は、企業もスタッフレベルの人材を欲しているので、採用のハードルは低く、そのため、応募機会も多くあります。しかし、30歳を超える頃になると、仕事に独自性が現れてきます。

35歳を超えると、スタッフではなく、リーダーとしての要求をされるようになり、40代になると、**他者との椅子の奪い合い**が始まります。そのような過酷な状況の中で、自分に都合よくマッチングした求人企業が出てくることはないのです。

久間　辞めてからの転職活動は、必ずキャリアダウンする、という意味が痛いほどわかってきました。無職のため、求人企業から斜めに見られるリスクもある。短期決戦であるという焦りから、求人案件を厳選している余裕がなくなり、応募したくない企業も含め数多く応募してしまう。

敗戦率が上がり焦る中、面接をしてくれる企業が現れるとやりたい仕事かどうかの判断軸は消えてしまい話を合わせる。内定が出たら逃したくないという想いが強く、飛びついてし

転職活動における、**負のスパイラル**

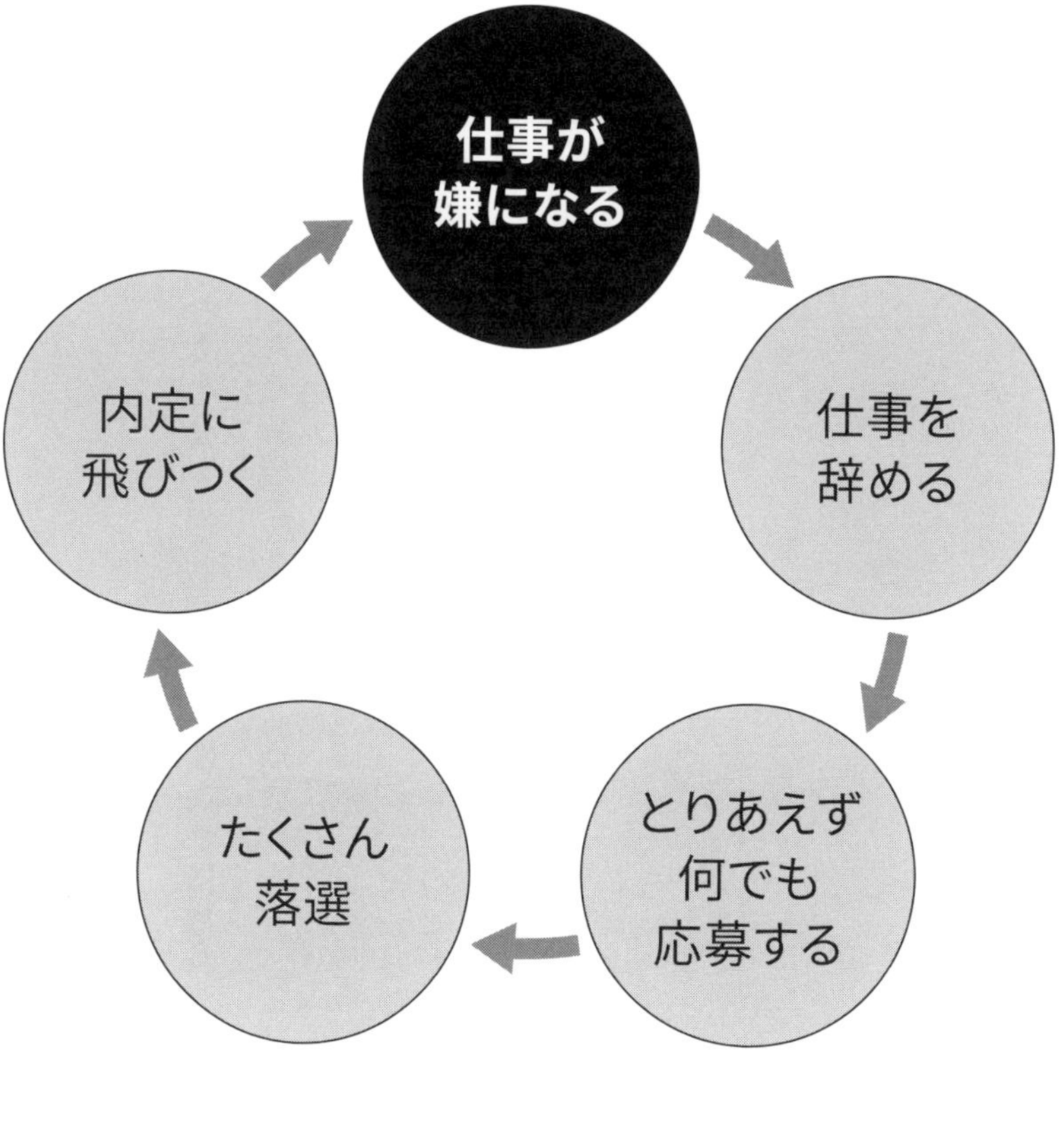

まう。結果、入社後すぐに嫌になり、後悔する。そしてまた辞めたくなる……。負のスパイラルですね。

永楽　悲劇ですよね。しかし私はこのような事例を当たり前のように数多く見てきました。この負のスパイラルは、誰にでも起こりうる現象と思いましょう。

同時進行の採用活動における後悔しない賢い駆け引き

永楽 辞めてからの転職は、足下を見られることがあると言いましたね？ いい事例があるので、ちょっと紹介したいと思います。この方についてどう思いますか？

年齢35歳、男性、既婚者（子供一人）
・一部上場製造業の総務部に勤務していたが、月末に自己都合退職が決まっている
・総務部で法務の仕事もしていたので、今後は法務部専門で働きたい
・退職の意思を伝えた後に、生涯初の転職活動を始める
・当初、多くの企業で落選し焦るが、直近でようやく面接に進めるようになった

久間 35歳で上場企業にお勤めですから、やはり求人企業からの引き合いはあると思います。転職活動が初めてというハンデはありますが、転職はできるように思います。

永楽　そうですね、実際この方は、初動段階はかなり苦戦しましたが、自分の強みなどを整理・職務経歴書をブラッシュアップすることで、面接でも結果を出せるようになりました。ところが、この後に大きなストレスを抱えることになります。

久間　大きなストレスですか？　一体それはどういうものでしょうか？

永楽　面接が進んでいた企業が2社ありました。仮にA社（総務部案件）とB社（法務部案件）としましょう。A社の最終面接が木曜日、B社の最終面接が翌週水曜日というスケジュールだったのです。

そして、A社から内定が出たのですが、この回答期限を週明け月曜日まで、とされてしまいました。本人はB社のほうが本命でしたが、A社の内定も逃したくないと考えています。さあ、あなたならこの状況でどのように決断しますか？

久間　本命はB社ですが、A社からの内定が早く出てしまったということですね。それで、B社の結果が出る前に、返事をしなければいけない状態……。うーん、結構判断がつらい状況ですね。A社の内定も逃したくないですねぇ。

永楽　本命は法務部案件であるB社ですが、A社の内定を蹴ったとしても、B社から内定が出るとは限りません。とても難しい状況ですが、このようなことは面接の終盤になるとよく起こる現象です。

私が求職者に応募前にしっかりと自己分析を行ってもらう理由は、この内定時の混乱を見越しているからです。どんなに冷静沈着と言われる人であっても、内定時にはパニックになります。人によっては、パニックの挙げ句、不本意な意思表示をしてしまうのですから、本当に怖いことです。

久間　不本意な意思表示と言いますと、たとえばどんなことでしょうか？

永楽　前回も話した、本人が一番望まない企業を選択してしまう、ということです。このときほど、人間の弱さを目の当たりにする瞬間はないですよ。**「ああ、なんであんな選択をしてしまうのだろう？」**と思うことがとても多いですよ。

久間　今回の事例では、総務部案件のA社を選択してしまうことですか？

永楽　目の前に内定がぶら下がっていて、もし回答しなければ、取り下げられてしまう状況ですと、多くの人がA社を選択するでしょう。まして、次の転職先が決まっていない状態であればなおのことです。だから妥協してA社を選択してしまいます。これが辞めてからの転職活動がNGな理由の一つになります。

久間　もし、この方が辞める意思表示をする前に転職活動をしていたら、A社を断ることができますか？

永楽　いや、断らなくていいのです。ただ、余裕があるので、**企業（もしくはエージェント）との交渉をすることができます。**考えてみてください。企業が内定を出す人は、基本的にその人が欲しいと思っています。であれば、B社の面接後に判断をしたい、と求職者が望めば、待ってくれるはずです。

久間　なるほど、面接を突破した人は、A社にとっても魅力的な人だから、回答を待ってくれるということですね。エージェントはいかがでしょうか？

永楽 エージェントは何とかしてA社の内定を取ってほしいと考えますから、ありとあらゆる脅しをしてくるでしょう。回答期限を延期したいと言えば、内定を取り下げられるぞ！とかね。

本来はエージェントこそ、求職者側に立って、求人企業に対して交渉をすべき立場なのですが、売上を上げなければいけないプレッシャーでどうしても情報操作をしてしまいがちです。それは商売だから当たり前と割り切ってください。求職者はそんな気持ちを手玉に取るくらいの大胆さを持ってもいいと思いますよ。

求人案件は進捗を合わせて調整すること

久間 そうなると、どのように選考を進めていくのかも戦略・戦術のひとつ、ということですね。

永楽 その通りです。この事例をとっても、戦略性を持って面接に臨む意義が見えてくると思います。場当たり的に何となく転職活動をしていると、この事例のように、さまざまな場面でパニック状態になります。応募時、面接時、内定時、それぞれ大きなストレスを受けるため、**悩みのない転職活動は存在しない**、と思ってください。

久間　ちょっと重くなってきました。やはり転職活動は覚悟がないとダメですね。

永楽　このような事例が多く存在するので、求職者側も賢く行動しなければいけないということです。

久間　賢く行動する、というのは、たとえばどのようなことでしょうか？

永楽　複数企業へ応募するときは、なるべく**選考の進捗を合わせる**ことです。企業は、自社選考には時間をじっくり掛けますが、いざ内定を出すと明日にでも来てほしい、と考えるものです。一次面接が通ったら、二次面接はなるべく他社進捗に合わせることを心がけてください。選考中であれば、企業は判断を迫ることはありません。

久間 なるほど。自分のスケジュールをしっかりと考えて、面接日程を組んでいくということですね。そうすれば、内定が出揃い、自分の中で判断することができるのですね。

永楽 先ほどの事例で言えば、第一希望のB社の面接を先にすることができたはずです。そうすれば、B社の結果を先に知ることができ、A社の面接を行った後に、両者に内定者面談の希望を出すことができます。そして総合的に判断し、意思決定をすればよいのです。

久間 でも、自分がそのように考えても、エージェントに操作されてしまう可能性がありますよね？　そうなった場合、どうすればいいのでしょうか？

永楽 内定した後に、回答期限などで操作するエージェントは、あまり実績を挙げていない人だと思います。なぜなら、強引に物事を進めても、いいことはないからです。

たとえば、求職者がしたたかで、A社の内定を受諾するも、B社の面接を受け続ける可能性はありますよね？　そうなったら、A社の内定受諾も意味がなくなります。実績を残しているエージェントは、そのことを知っていますので、求職者の意向は受け入れ、なるべく客観性を出そうと努力します。

久間　内定受諾したのに、他社を受け続ける人がいるのですか！　ちょっと不誠実な印象を受けますが、これは許されるのでしょうか？

永楽　内定辞退は、法的には責められるものではありません。個人の一生を決める問題なので、状況としてはあり得ます。そのため、このようなケースに私が遭遇すれば、B社の面接が終わるまで、回答期限を延ばしてもらう努力はするでしょう。

久間　その結果、求職者がB社を選んでも、悔いは残りませんか？

永楽　これはエージェントの価値観だと思います。私自身は、以前話したように、人材紹介業は、リピートビジネスだと思っていますから、優秀な人材と長く良好な関係を築きたいと考えます。目の前にある案件を逃すことは、たしかにダメージがありますが、この業界を長く続けていくためには、**ネットワークを築くことのほうが優先する**と考えます。

そもそも、エージェントからみてA社とB社のどちらが求職者の要望に向いているのかの判断はできなければいけません。A社に行ったほうがいいとすれば、しっかりと説明しますし、B社が良いと思ったら、応援します。

久間 今回きりの付き合いでないから、情報を操作するようなことはしない、ということですね。なかなかできることではないと思います。

永楽 これも仕事における価値観です。私はこのスタイルが向いているだけです。ただ、**追い込まれたときの求職者は本当に気の毒になるくらい、パニックになる**ので、私がこのようなスタイルである、と言っても、疑い、否定してくる人も多くいます。

ときには厳しいこともアドバイスするのですが、人は優しい言葉になびく傾向があるので、叱咤激励の結果、反感やクレームを受けることもあります。そのような経験を繰り返しコンサルタントは成長します。**人を扱う仕事には答えなどない、**と私は理解しています。

転職活動では必ず揺れるときがある

久間　この事例を聞くと、人の弱さを思い知ります。面接が進んでいくと、やはり私もパニック状態になると思うのです。そのために応募数を抑えることも理解しましたが、もっと基本的な考えを整理したいのです。

永楽　求職者は、必ずどこかのタイミングでパニック状態になります。左ページの図を見てください。これは紹介会社のコンサルタントとして、求職者をサポートする流れを表したものです。287ページの図に典型的なパターンを入れてみました。面談、応募、面接、内定、退職、入社という一連の流れのなかで、どの求職者も必ず気持ちが落ちるときがあるというものです。

久間　ちょっと見方がわかりにくいですね。具体的に教えていただけますでしょうか？

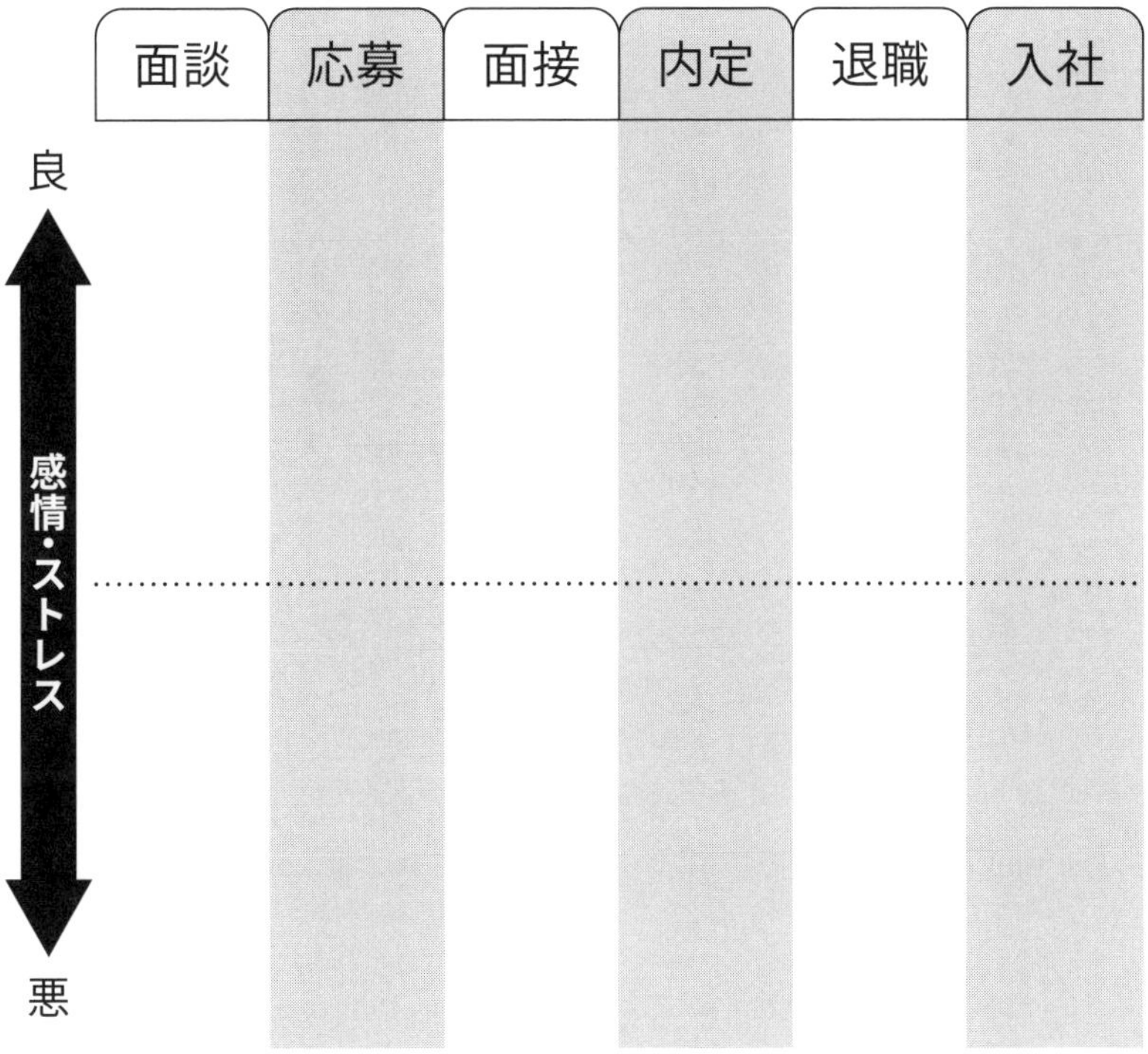
面談
応募
面接
内定
退職
入社
良
感情・ストレス
悪

Aパターン＝キャリアにこだわった人

書類審査や面接などの採用ステップで苦労するが目的が明確である。選考を重ねる中で、自分の適性がわかり、理想企業から内定が出て満足して働いている。

Bパターン＝とりあえず転職活動をした人

企業からの評価も高いために内定まで進むが、本当に転職したかったのか、この会社で良いのかと思い、気分が落ち込む。内定辞退者も現れる。

Cパターン＝入社後後悔する人

戦略なく転職活動をした結果、転職が目的化している人。入社後、現実を知り、非常に後悔する人。

永楽　とり急ぎ3つのパターンを書きましたが、これ以外も多くのパターンが考えられます。結果が出ない人はずっとストレスを受け続ける状態でしょう。転職活動は気持ちの浮き沈みが必ずあることを理解してください。

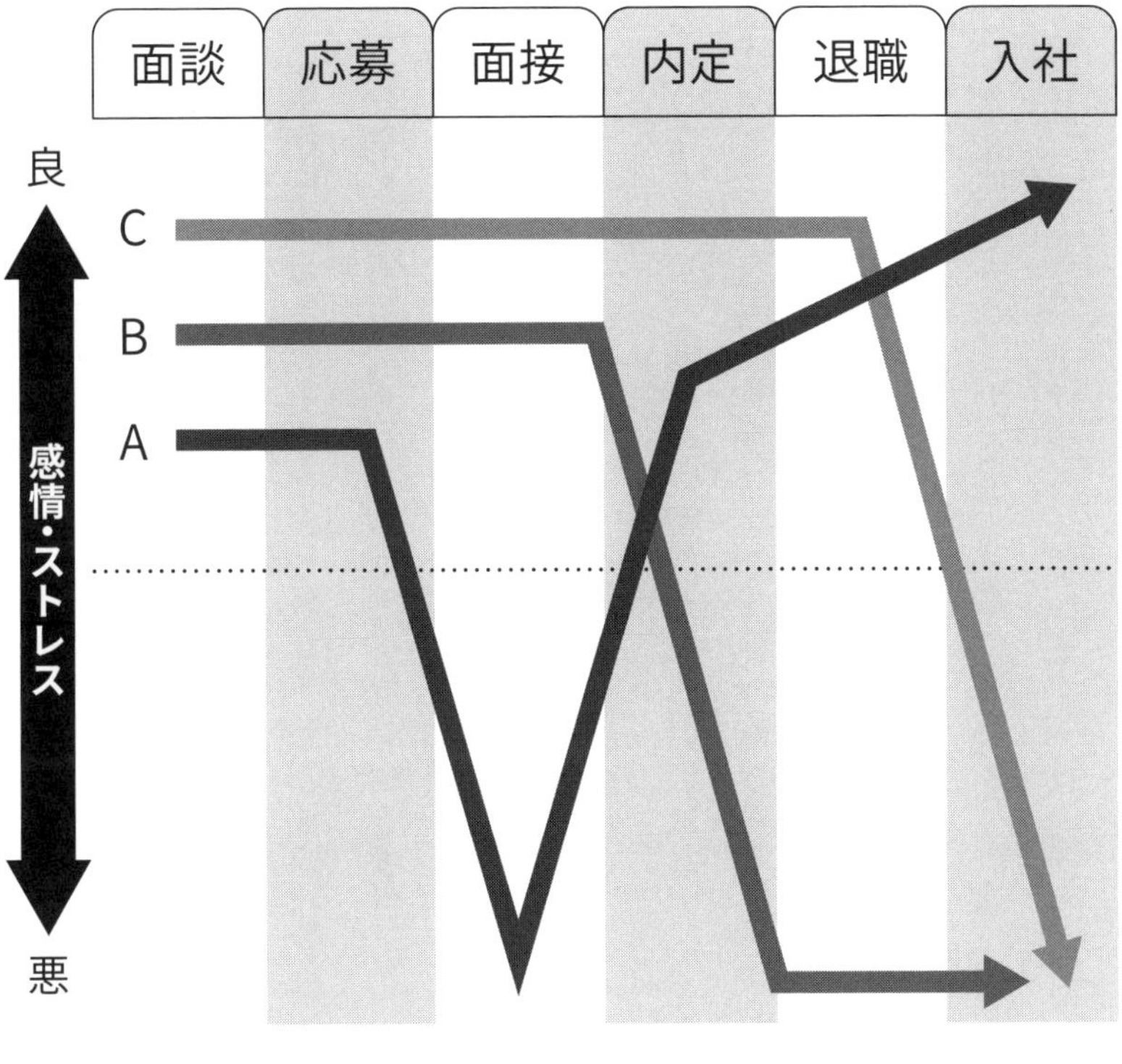
面談
応募
面接
内定
退職
入社
良
C
B
A
感情・ストレス
悪

久間　なるほど、これは経験してみないとわからないことですね。企業面接時に直面するストレスなど考えたこともなかったですから。

永楽　だからエージェントとの面談時にしっかりと的を絞る作業が大切なのです。的を絞っていたらストレスもある程度受け入れることができますし、採るべき戦略も明確になります。私の経験ではマイナス状態にならない人はいない、と断言できます。

久間　どんなに的を絞って計画的に行動しても、迷いが生じるのですか？

永楽　Ｂパターンのようなときは、他にいい案件があるのではないか、と考えます。また退職交渉で引き止められたとき、現職に残るべきではないかと考えます。Ｃパターンでは、入社後にストレスを感じ、転職をすべきでなかったのではないかと考えます。

私は必ず迷うことを前提としているので、落ち着いている面談時にしっかりと自己分析を行ってもらっています。求職者が迷ったとき、「あのとき、このようにお話ししていましたよね？」とそもそも論に返ってもらう作業もしています。良い決断するために自分を知る作業はとても大切です。

求人票だけを信じるな！応募前に自分で確認すべき事項

久間 面接の過程で必ず気持ちが揺れることは理解しました。あと気をつけることは何がありますか？

永楽 相手を知る作業です。そのためには、応募したい案件の求人票は必ず手に入れてください。そして求人票に書いている内容が、自分がやりたい仕事なのかを考えてください。そして応募したいと考えたら、**その企業のことをしっかりと調べること、**です。

久間 求人票に企業情報は書いてありますから、改めて調べる必要はないと思うのですが、何を調べればいいのでしょうか？

永楽 求人票に記載されていることは、**企業の最低限の要求**です。その情報に加え、その背後にある、求職者が解決すべき問題点について具体的に分析する必要があります。企業の最低限の要望に加え、自分はそれ以上のパフォーマンスを出せるというロジックを持つことができます。

久間　なるほど、求人票に記載されている内容の奥に、どのような希望や狙いがあるのかを自分なりに考え、対策するということですね。

永楽　最低限、ホームページは見るとは思いますが、ただ見るだけではなく、その企業の事業概要は理解しておくべきでしょう。取り組んでいる事業、収益構造、利益、組織図、経営者の言葉など、自分なりに企業を知る作業は必要です。

次に、求人案件に対する募集背景、増員か補充か、もし補充ならば、前任者の離職理由、所属グループの人数、関係各所との連携、上司のバックグラウンドなど、可能な限り情報は収集しておくべきでしょう。

久間　上司のバックグラウンドとか前任者の離職理由もですか！　でも、たしかに気になることではありますね。

永楽　求職者から見て、知りたいと思うことは知っておくべきだと思います。求人企業の情報が多ければ武器になります。そして**自分が身を預けるに値する企業なのか、**という判断軸にもなります。転職活動は不確実な要素が多いものですが、情報を集めることによって、戦いは有利に展開します。ぜひやってほしいと思います。

久間　自分で調べることができるものはやりますが、できないことはどうしましょうか？こちらから人事部に聞くことも難しいと思うのですが。

永楽　紹介会社を使えば、今挙げた情報は基本手に入ります。個人で直接応募する場合は、事前に知ることは難しいかもしれませんね。そのときは、面接時やのちほどお話しする内定者面談のときに確認すると良いでしょう。

面接＝戦場。手ぶらで行くな

久間　このようにお話を伺っていくと、面接は奥深いものだと感じます。今までは、書類が通過したら、日程調整して面接に行き、そこでジャッジされる、という発想でした。このようにお話を伺うと、**戦場に手ぶらで行ってはいけない**、という表現がとてもしっくりきます。

永楽　大学受験も同じだったと思います。学校の勉強のみで受験する生徒と、塾に通い情報を仕入れ、自分の成績を知り、志望校の傾向と過去問対策をしっかりと行い受験する生徒では、圧倒的に後者の情報を持っている生徒が有利です。面接も同じです。

しっかりと自己分析を行い、希望する仕事ができる企業の傾向と対策を行っている人が有利な結果を得られるのです。転職を繰り返しているのに、なぜか仕事が上手くいっている人は、転職マーケットと自分の価値をしっかりと理解しています。

久間　受験と同じと聞くと、しっくりきますが、同時にちょっと嫌な気分になります。やはり転職は自分の実力で結果が出るものではないのでしょうか？

永楽　実力をきちんと発揮できれば、という話ですが、それは情報を摑んでいる人が自分を有利にするために使うポジショントークですね。以前、日本人には英語は必要ない、という主張をする大手外資系企業の社長がいましたが、それは嘘です。

言葉はコミュニケーション手段なので、意思疎通のためには英語はできたほうがいいに決まっています。聞こえの良い情報に印象操作されてはいけません。

久間　では面接になったとき、対策できることには何がありますか？

永楽　事前に面接の練習を行うことはとても有効です。エージェント経由であれば、コンサルタントにお願いして行うと良いでしょう。私は多くの求職者に提案し、実施しています。

具体的には次のような想定問答は最低限準備しておくべきでしょう。

・自己紹介（カンペは必要か?）　・志望動機
・長所と短所　・今までの成功談と失敗談

・経験と実情の分析　・他者にない求職者本人の売りとは？
・どのような知識のキャッチアップを行っているか？
・職歴について　・将来ビジョン
・質問事項（最低3つは準備）

久間　面接の練習と聞くと、それこそマニュアル人間のような印象ですね。付け焼き刃のようで面接で上手くいくとは思えませんが。

永楽　職務経歴書作成時もストーリーを重視しています。面接もそれを踏襲したストーリーが重要なので、練習をすればとても大きな効果が得られます。通過率もグーンと上がります。

久間　でも、しっくりこないですね。企業はその人の中身を見たいのではないでしょうか。

永楽　過去問対策をして受験するようなものと考えましょう。面接の練習で、想定問答を確認することができます。自己紹介から志望動機までの一貫した流れを経験しておくと、本番でもブレることはないでしょう。その対策をして、初めて勝負になるということです。

第一印象は大切。余計な情報を与えないこと

久間 面接のときは、やはりスーツが基本ですよね？

永楽 無難に考えればスーツがいいでしょう。ただ自分自身をどう見せたいか、見られたいか、という発想は持つべきです。新卒の場合、経験がないので、リクルートスーツの選択しかありませんが、中途採用は普段着ているもので問題ありません。

久間 クールビズを導入している企業では、ノーネクタイのほうがいいのでしょうか？

永楽 基本は自分らしく、で良いのです。ただ、最低限のマナーは必要だと思います。面接はフォーマルな場ですから、相手に不快感を与えてはいけません。**「この会社に来るために自分なりに準備しています」**という姿勢は持つべきですね。

久間　ベンチャー企業などは、カジュアルな服装で仕事をしていると思います。このような企業で働いている人がスーツを着用していると、明らかに「今日、面接に行きます！」と言っているように感じます。このような人たちは、どうされているのでしょうか？

永楽　大きくは2パターンありますね。1つは、スーツをロッカーなどに置き、面接前に着替えるパターン。もう1つは、事前に求人企業に事情を話し、カジュアルで面接に行く許可をもらっておくパターン。後者も案外認めてくれます。

久間　事前に伝えておけば大丈夫ということですか。でも、業界によってスーツ着用以外はあり得ないという判断もあるのではないでしょうか？

永楽　これもどのように自分を見せたいのか、というところに判断軸を置けばいいのではないでしょうか。金融やコンサルティング企業などは、見た目をかなり重視しますので、「うちにふさわしくない！」と落とされる可能性はあるでしょう。それでも自分を貫きたいと思えば、無理に気を使う必要もないと思いますよ。

久間　その結果、印象で落選してしまうともったいないと思いますが。

永楽　見た目の印象を重視する会社で働きたいかどうか、というだけの問題ですよ。仕事内容は魅力があっても、社風が合わなければストレスになります。自分が考える服装でＮＧになるのであれば、無理に合わせる必要もないと思います。

久間　普段の服装も自分のスタイルなので、合わせることがストレスとなれば、その企業はミスマッチと考えるということですね。

永楽　服装のことを考えると悩む、そこまで服装にこだわりがない、という人であれば、無難にスーツを着ればいいと思います。無理に目立とうとすると、逆効果になりますからね。**あまり余計な情報を与えない**ということも大切な要素です。服装も自分をどう見せるのかという戦略の一つと考えてください。

久間　服装で失敗する人は、どのようなタイプでしょうか？

永楽　自分をどう見られたいかあまり気にしていない人ですね。以前、エンターテイメント企業で面接があったときですが、女性求職者がノースリーブで面接会場に来ました。なぜノースリーブだったかというと、暑かったからですが、同時に、エンターテイメント企業だから許されるだろうと勝手に考えていました。

この方は結果落選しましたが、理由が**「人物が緩いと感じた」**というものでした。服装のことを言っていたのかは定かではないですが、全体的にそのような空気感になってしまったと考えています。

久間　この方は落選したとき、どんな反応だったのでしょうか？

永楽　企業のことを悪く言っていましたね。服装がもう少しフォーマルだったら、印象も変わったかもしれない、と思いましたが、お互いがミスマッチだったと考えれば、面接でわかってよかったとも思いました。

久間　意識的に第一印象をどう見せたいかで変わるのですね。無意識はやはり怖いです。

職務経歴書の印象よりも本人が良い人材である演出

永楽　採用活動で大切なことは、印象をどんどん上げていくことです。職務経歴書をしっかりと作り上げることは基本ですが、本人よりも職務経歴書のほうが上では、結果を得ることができません。

久間　職務経歴書がピークではいけない、ということですね。それはなかなかコントロールが難しいように感じますが、どのように考えればいいのでしょうか？

永楽　職務経歴書のときにもお話ししましたが、見せたい自分を凝縮するのが職務経歴書であるはずなので、面接では職務経歴書で語り尽くせない自分がいる、というイメージです。職務経歴書から質問が出てくるので、自分の経験をしっかりと語ることができれば問題はないはずです。それこそ付け焼き刃的な知識や経験を書き込みすぎると、メッキが剝がれ、落選してしまいます。

久間　実績をしっかりと書くけれども、嘘や大げさなことを書いてしまうと、面接でボロが出てしまう、ということですね。

永楽　その点面接官はしっかりと確認します。でも職務経歴書で語り尽くせない自分を知ってもらいたい、という想いがあれば問題ありません。今まで話した内容を活かし、しっかりと面接に臨みましょう。

久間　面接の場面では緊張してしまい、どうしても自分を出すことができないと思うのです。一体どのような気持ちで臨むべきでしょうか？

永楽　簡単に考えれば、自分らしくあること、ですね。**相手に合わせる受け身の面接はまったくおもしろくない**ので、上手くいかないでしょう。

久間　面接は質問に対して回答する、が基本だと思います。そのような受け身な場面ではどうしても相手に合わせるような雰囲気になってしまうと思います。

永楽　前回の職務経歴書の回でも言及しましたが、まずは自分をどう見せたいかを意識する必要があります。職務経歴書には相手に聞いてほしいことをちりばめて作成しているので、面接官からの質問も答えやすい内容になっているはずです。そのとき、**予定調和な回答**ほど、つまらないものはありません。

久間　予定調和な回答、とは、どのようなものでしょうか？

永楽　これは一度でも面接官をやった経験があれば、この言葉の意味も理解できます。私は企業の人材採用面接にも携わっていますが、求職者が当たり障りのない回答をしてきたときほど、つまらないと思うことはないですし、印象にも残りません。

中途採用は、求人企業が抱える問題の解決をすることが目的ですから、それができる人かどうかという点のみを重視します。何でもいいですが、**求職者と面白い話をしたい、**と考えているのです。

久間　おっしゃっている意味はわかりますが、具体的にどのような会話を心がければ良いのでしょうか？

永楽　基本を思い出してください。企業は問題点があるから、その問題解決ができる人を採用したい、と考えています。そのため、**自分ならこのようにして問題を解決できます、という流れを演出すればいいということです。**そのためには、企業が抱える問題点を把握するため、突っ込んだ質問をする姿勢で面接に臨むことが大切となります。

久間　これは職務経歴書を作るときも意識したことですね。まずは自分の過去をしっかりと洗い出し、経験値を知り、今の仕事を捨ててまでやりたい仕事は何か？　という絞りを持っていれば、自ずとその問題点に向き合えるということですね。

永楽　職業適応性は、学業とスキルに分かれる、ということでした。その2つは自分の過去についての記述ですから、そこから未来を推量する適性を面接官は見るのです。それは過去という土台あっての判断ですから、自分を知る作業はとても大切です。

久間　自分の過去の学業とスキルを企業に訴えることができる根拠になるのですね。そのため、自分が解決したい課題に向き合うことができるのかという根拠を自分が持っていないと、面接官に訴えることすらできないですよね。

永楽　自分の経験を活かして、企業の抱える問題点を解決する。そのために今この場所にいるのです、という論法ですね。**これが志望動機です**。志望動機を語れない人は、ほぼ面接ではNGです。**もし志望動機を聞いてこない企業があれば、数合わせで面接していると思っても差し支えないでしょう。**

久間　志望動機はだから大切なのですね。ある友人が、とりあえず企業へ応募して、書類が通ったら志望動機を考える、と言っていましたが、そもそも戦略が間違っているということになりますね！

永楽　笑い話のようですが、多くの求職者が、その友人のような振る舞いをしています。面談時、他社進捗を確認すると、希望しない企業を数多く応募している人ばかりです。なぜ応募したのかと聞くと、エージェントに勧められたから応募した、という感じです。無駄なことをしているな、といつも感じてしまいます。

面接の場はディスカッションを意識する

久間　受け身である面接を自分主導で進めていくためには、どのような意識を持つべきでしょうか？

永楽　求人企業が人を募集する理由は、問題点があるから、ということでしたよね？　そして企業研究で企業の問題点を理解して面接に臨んでいるはずですから、基本姿勢は、「**私であれば、その問題点を解決することができます！**」というものです。その根拠が、職務経歴書に記載している経験ですから、臆せず堂々と臨めばいいのです。

久間　面接官も前提条件として、望む人材が目の前に座っているということですね。

永楽　そして自分は過去このようなことをしてきて、実績を挙げたので今後はこのような課題に取り組む仕事をしたいと考えている、だから貴社に応募しました。自分がやりたいことができるのかを面接を通して確認したい、という姿勢です。求人企業にとって、求職者のやりたいことが企業の抱える問題点のはずですから、**お互いのことを知る、検証する作業が始まります**。そして問題点が共有できれば、どう解決すればいいのか、という段階に入ります。

久間　問題点を知ることで、求職者はその問題に取り組みたいかを意識した面接となるのですね。

永楽　その通りです。求職者は企業の抱える課題や問題点を深掘りしていき、自分は過去このような手段で解決した、取り組んだが、失敗した、などを共有していきます。それを語ることで、企業側も手応えを感じます。いわば、**会議のような雰囲気になればいい**ということです。

久間　面接なのに、会議のような雰囲気ですか。そんな状況になってもいいのでしょうか？生意気なやつ、と思われないでしょうか？

永楽　生意気なやつと思われるような会社であれば願い下げ、と思えばいいと思います。よく考えてください。今後この会社で働くのであれば、なるべく仕事への取り組みや価値観は共有したいと思いませんか？

予定調和な面接は良くないと言いましたが、自分の身を預けるにふさわしい会社であるかという判断軸を持つためにも、遠慮する必要はないのです。問題点を面接時に確認できるのか、入社後初めて知るのかでは、まったく意味も違ってきますよ。

久間　たしかにそうですね。入社後、「こんなはずではない、聞いていない！」と怒った友人は、選考プロセスで**自分が検証作業を怠った、**ということですね。思い込みで決断すると、**失敗する**というメカニズムがわかってきました。

永楽　特に30代以降の転職は、リーダー的な期待を背負っていますので、課題解決力など要求度も高く、企業側も厳しくチェックしています。だったら、自分らしく、悔いのない面接をするべきですね。

久間　その他で大切な心構えはありますか？

永楽 求人企業は問題点を抱えている、というお話を何度もしています。よって、問題解決し、活躍する人を欲するのが基本線です。そしてその先に、どのような相乗効果がお互いにあるのか、という点は重要でしょう。採用をした人材が、その地点でゴールと思ってしまうと残念です。現状よりもさらに飛躍・成長してもらいたいと思っています。

久間 入社時がピークと思われてはいけない、ということですね。それは、転職が目的でなく手段である、ということに繋がりますね。

永楽 その通りです。転職が決まる＝安定する、という発想を多くの人が持っていますが、**実は何も安定などしていない**のです。そこで何を学び、会社にどのような効果を与え、自分が成長できるのかが重要です。常に学び続ける姿勢を持つことは基本中の基本。仕事選びも自分が成長できるのか、という視点も持つべきです。

採用目前でも一転NGもありうる質問コーナーの重要性

久間 面接では、自己紹介、志望動機、将来ビジョンという点が重要であることは理解しました。その他はいかがでしょうか？

永楽 面接の最後に質問コーナーが設けられます。このときは、必ず質問できるように準備してください。もし質問ができなければ、NGになる可能性は大きくなります。

久間 そんなに重要なのですか！　しかし、面接でディスカッションできて、いい雰囲気になると、改めて聞くようなことはなくなると思うのですが、その点はいかがでしょうか？

永楽 たしかに面接で質問したいことが消えてしまうことがありますが、それでもしてください。面接官は共通して、質問がないということは、興味度合いが低い、と判断します。これは恋愛にたとえるとわかりやすいかもしれません。

興味のある異性がいれば、その人のことをもっと知りたいと思うはずです。逆に興味のない人であれば、何も聞かないはずです。面接も同じで、質問がないと肩透かしを受けたように感じるのです。

久間 それまで良いと思っていても、質問がないだけで180度評価が変わるということですね。たしかに、興味があれば、いくらでも質問できるように思います。

永楽 ただし、面接時に聞いてはいけないこともあります。それは待遇面に関することです。残業の有無、有給消化率、福利厚生などは控えるべき事項です。

久間 いやいや、それこそ聞きたいことですよ。私も生活がありますし、激務な環境は嫌なので、有給消化率や残業の有無はとても気になります。なぜ聞いてはいけないのですか？

永楽 これらは内定が出たときに聞くことができるからです。採用面接の場面では、まずは仕事面に関するアピールをすべきです。

待遇面ばかり聞いていると「この人は条件ばかりで仕事に意欲がないのではないか?」と考えます。福利厚生面については、求人票にも記載されているはずです。「求人票に書いてあるのに、なぜ今聞くのかな?」と思われますね。

久間 では、面接ではどのような質問が望ましいのでしょうか?

永楽 簡単に答えると、「自分が明日から働くことになった場合、仕事をするうえで気になることは何か?」に焦点を当てると良いと思います。実際働くとなれば、1時間くらいの面接では聞き出せないはずです。その気になることを事前に列挙しておくのです。先ほどお話をした、応募前に確認すべき事項で挙げたものがそのまま質問に紐付くはずです。

久間 なるほど、自分が働くことになる職場でなるべく多くの判断材料を仕入れるための行動と考えればいいのですね。

永楽 具体的に問題点について突き詰めていくと、求人企業も成功期待感が高まります。面接の雰囲気が良いと、その点も自然と行うことができるはずです。

なぜ、面接時間は長いほうが結果を期待できるのか

久間　面接についていろいろと伺っていますが、どのくらいの面接時間が妥当でしょうか？あまり時間を掛けると、企業評価も悪くなるのではないでしょうか？

永楽　中途採用の面接では、最低1時間は欲しいところです。もし1時間以内であれば、ほとんどの企業はＮＧとジャッジしています。

久間　最低1時間ですか！　実は先日、１０００人の中途採用面接をした、という方の記事を見たのですが、大体すぐに決断を出して、9割以上落とした、という厳しい内容でした。この点はどのように考えますか？

永楽　その方の選考基準では、悪い求職者は一瞬でわかる、ということではないでしょうか。

第一印象や言動で、NGの人はすぐに決まります。恐らくその方は、900人以上ダメな人を面接してきた、という苦労話をされていると思います。

久間　そうすると、100人くらいは1時間面接したということでしょうか？

永楽　ダメな人は一瞬でわかりますが、いい人の判断はじっくり話を聞かないとわからないものです。相手も準備していますから、それなりに話をすることができます。ただ、長く話をしていると、価値観のズレや、求職者のメッキが剝がれるなど、多くを知ることができるのです。

先ほどの質問コーナーも同じで、仕事やキャリアについて立派なことを言う人が、有給休暇や残業を気にすると辻褄が合いません。途端に冷めてしまうのです。

久間　採用はやはり難しいですね。企業も何とかしていい人材を見極めたいと考えているのですね。

永楽　いい人材を見極める手段のひとつに、圧迫面接があります。圧迫面接は、求職者が答えにくいことをあえて聞くようなスタイルですが、ストレス耐性を検証する以外にも、求職者の本音が見えることがあるので、多くの企業が使っています。

久間　企業面接に行くときに、この圧迫面接ほど嫌なものはないですよ。根掘り葉掘りいろいろなことを聞いてきて、態度も上から目線で、非常に不快に感じますよ！

永楽　たしかに嫌ですね。なぜあなたにそこまで言われなければいけないのか！　と思いますよね。ただ、嫌な質問をすると嫌われますよね？　人から嫌われることをあえてするのは理由があるからです。そう考えれば、圧迫面接はいい予兆です。

久間　なるほど、そういう解釈をすればいいのですね。今まではムッとしていましたが、良い面接のシグナルだと考えれば、落ち着いて面接ができますね。いいことを聞きました。

外資系志望なら知っておきたいリファレンスチェック

永楽　外資系企業へ応募するのであれば、リファレンスチェックは知っておいたほうがいいでしょう。これは、内定前に求人企業が求めるもので、求職者が今まで一緒に仕事をした人を数名挙げ、会話をさせてほしいというものです。

久間　転職活動をしていることは、基本的に秘密だと思います。内定が確約されているわけでもないのに、このようなことを要求されては困ってしまいます。

永楽　企業は直近の上司や同僚を強要しているわけではありません。人選も求職者が行います。過去に一緒に仕事をして、あなたの仕事に対する評価ができる人であれば良いというのが基本姿勢です。

人数は企業によってさまざまですが、私は3名用意してください、という企業も担当したことがありました。3名も難しいというなら、用意できない事情を説明すれば、何とかなる場合はあります。ただし、30歳くらいであれば2名、40代以降になると3名も用意できないのか、と企業側が不信感を持つこともあるでしょう。

久間 でも日本企業はまだまだ終身雇用が根強いので、会社を辞める＝裏切り者の文化ですよね？　リファレンスチェックは皆さんどうされているのでしょうか？

永楽 外資系企業を受ける人は、その点も踏まえて行動するよう心がけています。このようなことがあるので、立つ鳥跡を濁さず、は大切ですね。外国人の文化では、リファレンスチェックに応じてくれる人がいない、というのは異常な状況と言えるのです。

久間 転職は自分のことだけ考えればいいと思っていたのですが、リファレンスチェックがあるのですか。過去の上司や同僚を少しピックアップしておく必要がありますね。

永楽 上司や同僚も、いずれ同じような場面に遭遇するかもしれません。将来はお互い様となる可能性もあるはずです。

面接でも過去・現在・未来という流れを意識する

久間　そうすると、過去が今までの学業と経験、現在が志望動機、未来は職業適性ということになりますね。面接はその確認作業ということでしょうか？

永楽　ほとんどの面接は過去、現在、未来という流れを重視します。自己紹介は過去を語り、志望動機は現在なぜ自分がここに来たのかを語り、自分の成長目標や企業の未来をイメージできる変化を語る、です。企業は求職者を採用することで、変化をもたらしたいと考えています。そしてその先の風景も見たくなる。**これが成功期待感でしたね。**

久間　この一連の流れがイメージできれば、内定はぐっと近づく、と考えてよろしいでしょうか？

永楽 ある程度は、ということにとどめます。もう一つ重要な要素として、パーソナリティがありましたよね？ どんなに能力に可能性を感じても、人物が受け入れられないと判断されると残念ながら落選します。

久間 これが社風に合う、合わないという話ですね。

永楽 総じて語るときは社風とくくりますが、細かく言うと、いろいろとあります。たとえば、上司との相性、年齢、他の職員との関係性、性別、マインドセットなど、いくつもの要素が重なり合うのです。

久間 いくら能力が高い、という判断をされても、人物的要素で落選してしまうということですね。これは求職者本人には判断がつきません。

永楽 我々も求人票に書いてあることをベースに求職者を紹介しますが、スペックが揃っていても落選することは結構あります。人事担当者の本音を聞くと、上司との年齢差や、性別、あとは、履歴書に貼っている写真の印象などで落選させている、と教えてくれます。求人票からはわからないことは採用の現場では頻繁に行われています。

久間　求職者は何が原因なのかもわからず落選してしまうということですか。精神的ストレスは想像するだけで大きそうです。

永楽　自分の何が至らなかったのかがわからないことほど、人は苦しむことはありません。対策ができませんからね。特に年齢を重ねた経験者採用は、好き嫌いで判断されることに抵抗があるでしょう。

簡単に決まると考えている人はとても多いですが、この目に見えない判断基準に苦しみ、その結果妥協した選択をしている人がとても多いことは今後も訴えていきたいと思っています。

そして、転職活動は、求人企業、エージェント、退職する企業、家族、そして関係者など、多くの人に迷惑をかけながら進めていくものとも認識してください。内定が多く出れば、求人企業とエージェントに対して不義を行います。落選が続くと、家族に迷惑をかけます。自分のわがままで行う転職活動には、犠牲はつきもの。その覚悟は持つべきですね。

久間 うーん、重いですね。でもたしかに、誰にも迷惑をかけずに転職活動をすることはできないのかもしれませんね。

永楽 そうですよ。だから転職活動で上手くいかなくても、入社後失敗したと思っても、すべて自分が蒔いた種ということを忘れないでください。

内定通知は必ず文書で確認せよ

永楽　最終面接が良好となると、企業が内定意向を示す段階になります。エージェント経由であれば、コンサルタントから連絡が入りますが、企業からの内定通知書を見ない限り、安心しないでください。

久間　新卒時に口頭での内々定などありましたが、転職ではしっかりと文面での確認が必須ですね。

永楽　言った、言わないの水掛け論になりかねない心配もありますが、意思決定は何より正式書面で条件内容を確認することを第一と考えてください。

久間　内定通知書は必ずレター方式になるのでしょうか？

永楽　そうとは限りません。メールのベタ打ちで送ってくる企業もあれば、オファーレター自体がない企業も一部存在します。その場合でも、内定通知書を求めることは必須とし、どんな形でも、求人企業が正式に出した通知、というものは受け取るようにしてください。

久間　せっかく内定と言ってくれている企業に対して通知書を強く要求すると、内定がなくなる可能性はないですか？　生意気なやつだ、と思われたくないです。

永楽　そこは毅然とした態度で臨んでください。あなた自身の人生ですからね。あと、現職を辞めるという意思表示は、内定受諾した後が基本です。もし辞めるという意思表示をした後に、内定が引っ込められることがあると大変です。文面でもらい、受諾の手続きをし、確実な状態にしてから行動してください。

内定が出たら内定者面談を申し込む

久間　内定が出てから回答期限を設けることは、求人企業にとっても有りうることですよね？　やはり以前の事例でもありましたが、駆け引きなどせず、目の前にある内定を受諾したほうが無難だと思いますが……。

永楽　企業が内定の回答期限を設けることは、一つの区切りとしてどの会社でも行っていることです。しかし、内定の詳細を確認する作業はあってもいいと思いませんか？　たとえば、オファー時の給与は多くの場合、理論年収になっています。どのような計算根拠で弾かれた数字なのか、気になりませんか？

久間　求人企業が提示するものだから、単純に受け入れるものだと考えていましたが、たしかに確認する作業は必要ですね。

永楽　面接のときは、ある程度力関係があるので、求職者はどうしても受け身になりがちです。しかし、内定が出たら、求人企業がぜひ来てほしいと言っているので、立場は同等と考えても良いのです。目線を合わせ、しっかりと採用条件を確認する作業として、**「内定者面談」**を申し込むことを必須条件としてください。

久間　内定者面談ですか。思いもよりませんでしたが、企業は対応してくれるものでしょうか？

永楽　私の経験では、ほとんどの企業が対応してくれました。オファーレターの確認をもし拒否する企業があれば、あまりお勧めできる企業ではないですね。何か見られたくない、知られたくないことがあるのかと勘ぐってしまいます。

久間　たしかにぜひやっておくべきことですね。そうすると、先ほどの事例もA社に対して、内定者面談を申し込めば、時間は稼ぐことができた、ということですね？

永楽　そうです。自分自身の身を預ける企業のことをしっかり知った上で、納得して内定受諾することを心がければ、入社後のミスマッチも回避できます。入社後短期で辞めている人は、**「聞いていない、聞いていた内容と違う」**などと採用企業だけの責任にしていますが、自分の確認不足に起因することも多いのです。

久間　でもエージェントは頑なに回答期限を迫ってくると思います。求職者側の立場から考えると、駆け引きしているのか、本当に企業が回答期限を迫っているのかが見えません。なかなか判断が難しいですよ。

永楽　たしかに、実情はわからないので、推測で判断しなければいけません。ただ、内定時にバタバタする状態を作り出してしまったのは求職者側のミスと考え、自分の判断で意思決定する必要はありますね。

どのような基準で人生を選択するのか？

久間　内定者面談などを通じて、疑問点などを解消できれば、内定受諾しても大丈夫でしょうか？　まだ何か忘れていることなどありますか？

永楽　ここまでくれば、あとはご自身で判断して良いと思います。人生の選択は、意思決定するまでにどこまで考えたか、情報を集めたかに意味があると思います。入社後に、自分が思っていた内容と違うことは必ず多少はあります。

転職は企業の問題解決をすることなので、その問題点が予想以上に大きい場合もあります。しまった、騙された、と感じることもあるでしょう。しかし、それを決断した自分が、何を大切にして決断したのか、何を得たいと考えたか、という軸があれば、多少の思い違いも乗り越えることができます。そのための要素をこれまで学んできたのです。

久間 たしかに簡単に考えていた転職を、これまで随分深く考えてきたと思います。職務経歴書作成もとても大変でしたし、企業研究も同様でした。選考プロセスごとの確認作業、そして内定通知書の確認のための面談など、これまで想定していなかった知識も得られました。そう考えると、大丈夫だろうと自分に言い聞かせることができます。

永楽 「計画された偶発性理論」についてご存知でしょうか?

久間 いえ、聞いたことはありません。それは一体何でしょうか?

永楽 これはクランボルツのキャリア理論ですが、「偶然の出来事は、人のキャリアに大きな影響力を及ぼし、かつ、望ましいもの」という考え方です。私の人生で考えた場合、人材紹介の仕事に就くことはまったくの偶然で、想定もしていませんでした。人材ビジネスの経験はありませんでしたが、好奇心とチャンスを摑みたいという気持ちを信じて、がむしゃらに仕事をしてきました。

久間　人材ビジネスを始めたとき、成功する確証はなかったのですよね。外国人ばかりのヘッドハント会社で働くなんてすごいなぁ、という感想を正直持ちました。

永楽　私もです（笑）。英語もろくに話せない状況で飛び込みましたが、得られるものもとても多かったですね。何より、グローバル人材を知り、グローバル企業の採用方針を知ることができたのは大きかったと思います。

多様性のある職場もエキサイティングでしたし、そこにチャレンジするハイスペックな人材との出会いで私も成長することができました。ただ、今まではその環境で成果を上げることができたのは「私に運があったから」だけだと思っていました。

でもクランボルツは、たまたま運が良かっただけではなく、以下の5つのスキルを私が持ち合わせていたからだよ、と説明してくれています。

①　好奇心＝新しい職場、仕事、関係者との出会いを楽しんだ

② 持続性＝3ヶ月で人が辞めていく環境で4年働き、最後には古株になっていた
③ 柔軟性＝多様な国籍の文化、慣習、価値観を受け入れてきた
④ 楽観性＝何とかなる、という気持ちはいつもどこかにあった
⑤ 冒険心（リスクテーキング）＝フルコミッションの給与体系で実績を上げ続け、利益を享受できた

この5つのスキルを持ち合わせていたから、自分自身に訪れるチャンスを摑むことができたのです。

久間　「計画された偶発性」かぁ。なるほど、いいお話を伺いました。私も今回の転職活動に、これらの要素も意識し、良い決断ができるよう取り組みたいと思います。

エピローグ　転職後に陥るジレンマ

久間　お久しぶりです。新しい会社に入社して1ヶ月ほどになりますが、いろいろなことが見えてきました。随分、面接の印象とは違うところもあり、若干戸惑っています。

永楽　入社してすぐは慣れるまで大変ですが、1ヶ月ほど経つと、落ち着いて周りのことが見えてくると思います。今はその時期ですね。たとえばどのようなことが違うのでしょうか？

久間　上司の性格ですね。面接のときは穏やかで、チャンスをたくさんくれるような印象を持っていましたが、一緒に働くと保守的な部分が目立ちます。私が過去の経験を踏まえていろいろと改善提案をするのですが、ほとんど通りません。

何のために自分を採用したのか、疑問に思ってしまいます。あとは変われない組織に、レベルが低すぎると感じてしまいます。

永楽　なるほど。新しい会社で自分の良さを活かしたいと考えていたけども、その機会を得られていない、ということですね。たしかに、経験者ですから新しい会社の負の部分に気づき、誰よりも問題点を理解している状況であるように感じます。
　ただこれは、転職者が多くぶち当たる壁です。ここを乗り切ることができるか、できないかが、その後の人生を決めると言っても過言ではありません。

久間　人生を決める、というと、ひょっとして私は入社する会社を間違えてしまった、ということでしょうか？　そうであれば、早く抜け出すべきですよね？

永楽　いやいや、そういう意味ではありません。問題点があるから採用された、というのは内定受諾時にも確認済みですよね？　その点をまず思い出してほしいということです。転職者が一番嫌われるのは、前職と比較して組織を否定することと言われています。
「前の会社ではこんなことはあり得ない」「この会社のレベルは相当低い」などと文句をいい、働いている同僚のモチベーションを下げ続けるのです。あなたからそのような言葉を聞いた人は、決して協力することはないでしょう。

久間　おっしゃる意味はわかります。ただ、それでもひどいと思うのです。このような状態でよく会社と言えるな、と呆れています。前職はいろいろ不満もありましたが、それなりの人材は揃っていたと改めて知りました。

永楽　これもよく聞く話ですね。あれだけ嫌だと言って辞めた会社のことを、新しい会社では称賛する、というパターンです。それはつまり、「俺はあんたたちとはレベルが違う」と言っているのと同等です。ますます孤立しますね。これが人生を分ける、という意味です。

久間　孤立ですか。たしかに1ヶ月経つというのにまだ打ち解けていない状況です。これは実は私に原因があったということでしょうか？

永楽　私は転職された方と1ヶ月くらい経ったときに必ずお会いすることにしています。社内で打ち解けている人もいますが、結構孤立している人も多いのです。大きくは2パターンで、転職後激務で疲れてしまうか、全然期待通りの仕事ができないか。比べると後者が多いですね。パスの回ってこないサッカーのようなものですが、その原因はほぼ本人にあります。

久間　私のような人が多いということですか。やっぱり新しい環境に慣れるというのは大変なことなのですね。

永楽　問題点解決のために採用されたのですから、組織に慣れることが大変なことは当たり前です。課題が仕事内容の場合もあれば、人の場合もあります。それらを解決するために、あなたはやってきたはずです。そしてその決断をするために多くの情報を集めたはずです。それをもう一度思い出してください。

久間　たしかにあれだけいろいろと苦労した結果の転職でした。そう思えば、今回の悩みは想定内と考えるべきですね。

永楽　人間は物事を忘れる生き物です。思い返す作業をするだけで、気持ちは落ち着きます。あなたにとってひどいと考える現状がノーマルと思えば、あとはその課題を解決するだけです。前職と比較して文句を言うより、課題解決のために尽力したほうがいいに決まっています。

ここで耐えることができず、組織から孤立する人は結構多いですね。疎外感を感じては毎日が苦痛です。そこで逃げ出すように会社を辞め、悪条件で転職活動をする人をたくさん見てきました。人生、転落するのは結構簡単です。気をつけてください。

久間　たしかにそうでした。気持ちを切り替えていきます。

人生を長く考えると楽になる

久間　やはり転職はストレスが掛かりますね。入社後、1週間ほど耳鳴りがやみませんでした。精神的なストレスは知らず知らず掛かっていたと思います。

永楽　転職して初めて感じることですね。今までの通勤経路も変わりますし、同僚や得意先、仕事の進め方も同様です。転職は心身ともに健康な状態でないと、乗り切るのは結構厳しいことも理解できたのではないでしょうか。

久間　その通りですね。私は前職でもそれなりに満足していたので、気力体力ともに充実していましたが、ストレスを抱えた状態では、乗り越えることができないと思いました。転職は上手くいっているときにこそ考えるべき、は正解ですね。

永楽　あとは、転職は今回が最後とは思わないことです。長く続けることは大切ですが、組織から望まれる状態になることも大切です。会社に寄り掛かる人生ではなく、会社をリードしている人生を送るように心がけましょう。

久間　はい、もちろんそのつもりです。周りは私ほどの意識は持っていないようですが、自分は自分で仕事に臨みたいと思います。

永楽　そして何かあったとき、「辞めます！」といえる状態を目指しましょう。会社から請われる人材になっておけば、怖いものはありません。そして、サラリーマンを辞めた後も意識することです。なにせ、少子化や年金問題もあり、我々は長く働かなければいけない環境下に置かれているのですからね。

久間　そうでした。この老後の不安を解消するのは、自分自身が望まれる人材になっておくことですね。仕事をしたいが仕事を与えられない状態だけは、なんとしても避けたいと思っています。

永楽　人生を短く考えると焦りますが、長く考えると結構余裕ができるものです。そして人生は不安定なものと考え、その人生を楽しむ気持ちを持ってください！

小林 毅 こばやし たけし
ヘッドハンター、キャリアコンサルタント。
外資系ヘッドハント会社を経て、
2010年にホライズン・コンサルティング株式会社を設立。
法務系人材を中心に約12年、延べ5000人の相談、サポートを行い、
日系大手企業、ベンチャー企業、外資系企業の採用支援を行う。
また、2016年より転職セミナー、キャリアアップセミナー、U・Iターンセミナーを行い、
「失敗しない転職活動」の啓蒙活動、及び「セカンドキャリア支援活動」を行う。
2013年より厚労省認定「職業紹介責任者講習」講師として、
人材紹介事業者に対する法定講習を延べ2500社に対し行い、
不健全と言われる人材業界全体のボトムアップに尽力している。
著書に『成功する転職「5%」の法則』(自由国民社)。

転《てん》職《しょく》大《たい》全《ぜん》
キャリアと年収《ねんしゅう》を確実《かくじつ》に上《あ》げる戦略《せんりゃく》バイブル
2019年4月30日 第1刷発行

著 者 小林 毅
発行者 三宮博信
発行所 朝日新聞出版
〒104-8011 東京都中央区築地5-3-2
電話 03-5541-8814(編集)
03-5540-7793(販売)
印刷所 大日本印刷株式会社

ISBN 978-4-02-331782-6